Jürgen Wiebicke

Sieben Heringe

Jürgen Wiebicke

Sieben Heringe

Meine Mutter,
das Schweigen der Kriegskinder
und das Sprechen
vor dem Sterben

Kiepenheuer
& Witsch

Diesen ersten Satz schreibe ich viel zu spät. Ich hätte eher mit dem Aufschreiben beginnen sollen, habe kostbare Zeit vertrödelt, jetzt ist es ein Wettlauf gegen die gnadenlos tickende Uhr. Bevor mein letzter Satz geschrieben sein wird, wird sie tot sein, und dann verschwinden mit ihr all die unerzählten Geschichten. Ein Gedanke, der mich jeden Tag ein bisschen unruhiger macht, seitdem sie mit dem Erzählen angefangen hat, manchmal gar verzweifeln lässt. Besser gesagt, mit dem konzentrierten Erzählen, denn Anekdoten von früher hat sie schon immer gern zum Besten gegeben, und wie oft mochte ich sie nicht hören. Aber jetzt geht es ans systematische Aufräumen und Bilanzieren. Sie verhält sich gerade so, als stünde sie mit einer Schaufel vor einer Halde, die für einen Menschen viel zu hoch ist, und müsse versuchen, den Schutt abzutragen, um zum Wesentlichen vorzudringen. Und das findet sie bei sich fast immer in Kindheit und Jugend. Als ob danach nichts wirklich Wichtiges mehr passiert sei. Vielleicht ist es ja auch so, und wir verstehen das erst auf der letzten Wegstrecke. Aber das, was für sie wesentlich ist, ist es nicht unbedingt immer für mich. Oft wundere ich mich, warum ihr gerade diese Erinnerung erzählenswert erscheint, obwohl ich sie nur als lästigen Umweg empfinde. Dann suche ich nach einer Abkürzung, um die verschlungene Arabeske zu beenden, will ihr helfen, den Hauptfaden der Erzählung wieder aufzunehmen. Und schäme mich im selben Moment für meine eigene Ungeduld. Denn jedes Mal sind meine Interventionen Störungen ihres Erzählflusses. Ihr Tempo ist nicht mein Tempo. Die Erinnerung an lange Verschüttetes braucht ihren eigenen Rhythmus. Auch ist sie manchmal eigensinnig darin, bestimmten Ereignissen eine passende Jahreszahl zuzuordnen. Während sie erzählt, versuche ich meist innerlich abzugleichen, ob das, was sie sagt, historisch plausibel ist. Wenn ihre kleine biografische Geschichte mit der großen Geschichte kollidiert und ich Unstimmigkeiten bemerke, sanft zu korrigieren versuche, ist sie sich sicher, mit ihrer Version im Recht zu sein. Ihre Erinnerung ist eine feste Burg. Lange haben die Mauern gehalten. Aber jetzt will sie mich unbedingt hineinlassen.

Obwohl sie nie darüber spricht, spüre ich, dass sie sehr genau weiß, wie knapp ihre verbleibende Zeit ist. Jetzt ist es Anfang Oktober. Früher hätte sie um diese Zeit längst gefragt, ob wir wieder eine Ente für Weihnachten bestellen sollen. Seit vielen Jahren ein großes Thema in unserer Familie, das über Wochen immer wieder durchgesprochen werden will. Denn meine Eltern haben wohl in ihrem Leben noch nie eine Ente aus dem Supermarkt gegessen, haben Bio gekocht, lange bevor das Wort aufkam, und waren ihren Lebtag lang immer auf der Suche nach »Quellen«: Hobby-Geflügelzüchter, die ihre Tiere draußen frei herumlaufen lassen und in der Adventszeit selbst schlachten. Unsere Weihnachtsenten der vergangenen Jahre haben auf einer Wiese am Bach im Oberbergischen gelebt. Diesmal schweigt meine Mutter zu dem Thema, und auch ich vermeide es, sie darauf anzusprechen. Der Horizont unserer gemeinsam verbleibenden Zeit ist so sehr zusammengeschrumpft, dass ich nicht mehr zehn Wochen vorauszudenken wage. Wenn ich zu ihr hineinkomme in das Zimmer mit dem grünen Sessel, in dem sie so unglaublich ruhig sitzt, als ob sie für alle Zeiten dort sitzen würde, strahlt sie jedes Mal, hebt beide Arme, um mir zuzuwinken, mit zehn fröhlich flatternden Fingern, und hat mit der nächsten Geschichte bereits begonnen, bevor ich Platz genommen habe. Was ich dir unbedingt noch erzählen wollte ... Sie verzichtet auf weitere Einleitungen, stürzt mitten hinein, benötigt für sich keinerlei Rechtfertigungen, warum diese Episode ausgerechnet jetzt erzählt werden muss. Oft brauche ich einen Moment, um zu verstehen, wie sich Zeit und Raum des gerade Geschilderten zu dem verhalten, was sie mir bislang mitgeteilt hat. Meine Mutter hat Bauchspeicheldrüsenkrebs. So ziemlich die fieseste Diagnose, die man sich vorstellen kann. Sie hat keine Chance, davonzukommen. Die Wahrscheinlichkeit, dass sie irgendwann von schlimmen Schmerzen geplagt sein wird, ist hoch. Ich weiß nicht, ob sie es weiß, und hüte mich davor, dies anzusprechen. Bloß keine Pferde scheu machen. Wenn es arg werden sollte, können wir nur auf die Möglichkeiten der Palliativmedizin hoffen. Oder auf ein schnelles Ende, wenn es so weit ist? Nein, nicht so weit vorausdenken, ermahne ich mich selbst, lieber nur von Tag zu Tag, das hat sich auch in früheren Krisen bewährt. Der Chefarzt eines Krankenhauses, in dem sie kurzzeitig gelegen hat, hat der 88-Jährigen, die sich nur noch mühsam auf Krücken bewegen kann, allen Ernstes eine sehr risikoreiche fünfstündige Operation vorgeschlagen. Die Frage, ob sie danach jemals wieder die Kraft haben würde, das Bett zu verlassen, hat ihn nicht richtig interessiert. Mein verstorbener Vater war in seinem zweiten Leben, nach der Vertreibung aus dem Osten und dem erzwungenen Ende seiner bäuerlichen Existenz, ein kleiner Postbeamter, wie er es selbst immer formuliert hat, deshalb ist meine Mutter, die eine klassische Hausfrauenehe geführt hat, über ihn nach wie vor privat versichert. Der massive Eingriff könnte sich also lohnen, aber sicherlich nicht für sie. Zum Glück arbeitet in dem besagten Krankenhaus eine Verwandte. Sie hat uns diskret geraten, ihre eigene Klinik besser zu verlassen, weil es schwer sei, sich gegen den ärztlichen Rat des Chefs zu behaupten. Der wolle im Zweifelsfall immer operieren. Meine Mutter war dann in einem anderen Krankenhaus, wo man den Kopf darüber geschüttelt hat, in ihrem Fall eine so schwere Operation auch nur zu erwägen. Sie bekam dort lediglich ein kleines Röhrchen gesetzt, damit die Gallenflüssigkeit nicht staut. Ein kleiner Eingriff mit segensreicher Wirkung. Vorher war sie nämlich plötzlich gelb geworden und von heftiger Übelkeit geplagt. Das Erbrechen wollte gar nicht mehr aufhören. Das ist jetzt ein halbes Jahr her, seitdem ist sie weitgehend schmerzfrei. Nur nachts spürt sie manchmal den Druck des Tumors, hin und wieder einen Brechreiz, und hat dann Mühe, eine gute Position im Bett zu finden und wieder einzuschlafen. In der Klinik hatte man sie mit den Worten entlassen, sie möge den bevorstehenden Sommer genießen. Eine elegante, sehr humane Sprachregelung, wie ich fand, um den brutalen Satz zu vermeiden, dass der Tod nah ist. So hatte meine Mutter die Freiheit, die Formulierung für sich zu deuten. Es gibt ja keine Pflicht, das eigene Sterben offen zu thematisieren. Jeder so, wie er will. Sie vermeidet es bis heute, nimmt bislang nicht mal das Wort Krebs in den Mund, aber wer weiß, was noch kommt und was wirklich in ihr vorgeht. Der Sommer ist jedenfalls vorbei. Wenn ich morgens zur Jacke greifen muss, weil die Nacht kalt war, denke ich daran, dass ihre Frist eigentlich bereits abgelaufen ist.

Es gibt Sätze, die sie wie Leitplanken benutzt. Sie wiederholt sie immer wieder, als könne sie damit ihr Leben sortieren, in eine logische Abfolge bringen. Einer dieser Sätze lautet: Ich bin von einer Aufregung in die nächste geraten. So deutet sie jetzt ihre Jugend, als eine Abfolge von Aufregungen. Das ist sehr tiefgestapelt, geradezu verharmlosend ausgedrückt, andere würden von wahr gewordenen Albträumen oder, etwas distanzierter, von schweren Traumata sprechen. Vorhin hat sie mir von einer Aufregung berichtet. Als Vierzehnjährige wurde sie 1944 als Stadtkind zum Landdienst der Hitlerjugend geschickt. Ein Pflichtjahr für alle Mädchen. Die Volksschule in Brück, einem Vorort im rechtsrheinischen Teil von Köln, war für sie kriegsbedingt plötzlich zu Ende, wie oft hat sie später mit diesem frühen Abbruch ihrer Bildungsbiografie gehadert! Alles, was sie heute weiß, verdankt sie allein ihrem autodidaktischen Bildungshunger. Noch kürzlich hat sie über Wochen geduldig einen 800-Seiten-Wälzer über russische Geschichte gelesen. Sie verleibt sich dieses Wissen ein, aber es gibt niemanden, mit dem sie es richtig teilen kann, auch mir fehlte bislang die dafür nötige Geduld. Sie interessiert sich für alles, was länger her ist als dieses unselige, in Blut getränkte 20. Jahrhundert, dessen unfreiwillige Zeugin und zugleich Opfer sie selbst geworden ist. Von Zeitgeschichte hat sie jedenfalls die Nase voll. Als Lektüre fasst sie nur Stoffe an, die genug historischen Sicherheitsabstand bieten. Das sind beim Lesen ihre kleinen Fluchten.

Jedenfalls musste sie nach der Volksschule für lange Zeit weg aus ihrem Elternhaus in Köln und zog in ein Lager im mittelfränkischen Ohrenbach, ohne in diesem Moment ahnen zu können, dass sie in dieser Gegend sogar noch das Ende des Krieges erleben würde.

Das Lager war hart, wiederholt sie immer wieder, aber hart ist gar kein Ausdruck. Morgens um sechs wurden die Mädchen mit Gebrüll aus dem Schlaf gerissen: Aufstehen und sofort antreten! Sie mussten dann schlaftrunken auch bei Schnee draußen mit nackten Füßen zum Appell strammstehen und durchzählen. Es war sehr mühsam, dabei nicht im Stehen einzuschlafen, erinnert sie sich, denn wir waren ja alle erschöpft von der schweren Arbeit tagsüber bei den Bauern. Die da morgens geschrien hat, die Landdienstführerin der Hitlerjugend, war gerade mal ein paar Jahre älter als sie. Eine junge Frau, die die Nazi-Pädagogik der Abhärtung, die keine Gnade kennt, längst verinnerlicht hatte. Zu ihrem Regime gehörte es, verlorene Gegenstände in einer Kiste zu sammeln, um sie später zu Zwecken der Disziplinierung einsetzen zu können. Diese Kiste nannte sie die »Schlampe«. Wenn die Zeit der Strafen wieder mal gekommen war, mussten sich die Mädchen vor der Kiste versammeln. Dann wurde beispielsweise eine einzelne Socke aus der »Schlampe« hervorgezogen und in scharfem Ton gerufen: Wem gehört die? Wer sich daraufhin schamhaft meldete, musste draußen im Hof viele Male um die Fahne herumlaufen oder im feuchten Keller Wasser ausschöpfen. Demütigung vor aller Augen als pädagogisches Programm.

Mit der Zeit im Lager verbindet meine Mutter vor allem eins: eisige Kälte.

Sie hat gefroren, wenn sie morgens barfuß strammstehen musste, sie hat gefroren, wenn sie abends am Bach die geliehenen Schuhe säubern musste, die gar nicht passten, weshalb sie lange Zeit eitrige Füße hatte, und nachts hat sie auch gezittert, weil die Bettdecke zu dünn war. Es war hart, wiederholt sie und greift nach einem für lange Zeit vergessenen alten Poesiealbum, das sie vor ein paar Tagen aus dem Schrank hervorgekramt hat. Sie blättert einen Moment darin, dann stößt sie auf einen Eintrag, den sie mir zeigen will. Aber ich komme mit der übertrieben akkuraten

Sütterlinschrift nicht klar, deshalb liest sie mir vor, was die Lagerführerin der Hitlerjugend für sie hineingeschrieben hat: *Wir wollen nicht sein wie schwankende Rohre im Wind, sondern aufrechte, tapfere Menschen. Zur Erinnerung an Deine Landdienstzeit von Deiner Gunda Heller. Ohrenbach im 6. Kriegsjahr.* Ich stutze über das merkwürdige Ende dieses Eintrags. Als ob mit dem Krieg eine neue Zeitrechnung begonnen hätte. Meine Mutter wiederholt den Satz von den schwankenden Rohren noch einmal, sie kann ihn auswendig und spricht ihn mit Pathos. Ich spüre ihre Zerrissenheit. Einerseits Stolz darauf, diese Härte ertragen zu haben. Sie wollte kein schwankendes Rohr im Wind sein. Das ist die Seite an ihr, die es mir so schwermacht, ihr nahe zu sein. Gewissermaßen die Reste des Nazigifts in ihrer Seele. Denn wie oft habe ich von ihr in den vergangenen fünfzig Jahren Anspielungen zu hören bekommen, dass meiner Generation eine solche Erfahrung vielleicht auch gutgetan hätte, weil wir ein bisschen verweichlicht seien. Ihr kennt ja nur den Wohlstand! Wehe euch, wenn mal eine Zeit der Not kommt. Ihr könnt euch ja gar nicht selber helfen. Womit sie sicher recht hat. Mit Grausen erinnere ich mich an viele gemeinsame, erzwungene Stunden mit meinem Vater im heimischen Keller, der nicht wahrhaben wollte, dass ich zwei linke Hände habe. Er konnte sich nicht vorstellen, dass man damit durchs Leben kommt, und bestand wieder und wieder darauf, mich in die Kunst der Frickelei einweisen zu wollen. Besonders schlimm waren Samstagnachmittage, die ich unfreiwillig unten im Keller mit abgebrochenen Heugabeln und öligen Fahrradketten verbringen musste, während ich viel lieber oben die Bundesliga-Konferenz aus dem Transistorradio gehört hätte. Unerbittlich eilte dann der Zeiger der Uhr Richtung Abpfiff um Viertel nach fünf, ich habe wohl öfter verstohlen auf die Uhr geschaut als der Schiedsrichter im Stadion. Jede Minute im Keller war eine verlorene Minute, die mich vom wahren Leben abhielt, bis mein Vater endlich einwilligte, dass es für heute genug sei. Nicht ohne den regelmäßigen Stoßseufzer, wie ungeschickt ich mich anstelle. Für mich klang er nach einer Mischung aus Resignation und Vorwurf. Du wirst später für alles bezahlen müssen, wenn du das nicht lernst. Ich habe versucht wegzuhören und war froh, dass ich hochgehen durfte, während er sich wieder vertiefte in die Rettung kleiner Alltagsgegenstände. Aber natürlich hat er recht gehabt, heute muss ich für alles bezahlen, wenn etwas kaputtgeht.

Neben diesem Stolz, die brutalen Lebensprüfungen von damals überstanden zu haben, entwickelt sich bei meiner Mutter aber nun erst im hohen Alter ein geschärftes Bewusstsein dafür, welche

Verwundungen diese frühen Jahre im eigenen Leben angerichtet haben. Nicht aufrecht und tapfer, sondern früh gebeugt. Meine Mutter kommt aus einer Härte, für die sie nichts kann, und erst jetzt, so kurz vor Schluss, beginnt sie energisch, sich aus ihr herauszuarbeiten, und verblüfft unsere ganze Familie mit einer plötzlichen, nicht für möglich gehaltenen Sanftmut. In Momenten, in denen sie früher streng gewesen wäre, lächelt sie inzwischen nur noch milde. Etwa wenn ein Rest auf dem Teller übrig bleibt, was sie bis vor Kurzem nicht ertragen konnte. Iss den Teller leer, sonst gibt es keinen Nachtisch, hätte sie früher geknurrt. Vielleicht ist es das, was mir die Stunden jetzt mit ihr so kostbar macht: Sie zeigt sich nachgiebig und verletzlich und gewinnt dadurch an Wärme.

Abends, wenn wir todmüde waren, fährt sie fort, war niemandem mehr im Lager nach Liedern zumute, wir mussten aber singen, und zwar im Stehen, damit keiner währenddessen einschläft. Und wir mussten jeden Abend noch Briefe schreiben an die Front in Russland. Junge Männer, die wir gar nicht kannten, von denen wir nur die Feldpost-Nummer bekamen, sollten sich freuen über aufmunternde Worte aus Mädchenhand. Schreibarbeit, hieß das im Lager. Beim Zuhören frage ich mich, ob diese lästige Pflicht der Moral der Truppe tatsächlich aufgeholfen hat. Ob die jungen

Soldaten geahnt haben, dass die Mädchen viel lieber ins Bett gefallen wären, als für sie zärtlich geheuchelte Durchhalteparolen in Schönschrift aufs Papier zu bringen? Meine Mutter kriegt nicht mehr zusammen, was sie genau geschrieben hat, aber einer der Adressaten hat tatsächlich kurz nach Kriegsende bei ihr in Franken vor der Tür gestanden, als sie für einige Zeit in einer Brauerei einquartiert war, um die unbekannte Briefschreiberin kennenzulernen. Er wusste offenbar in der allgemeinen Auflösung nach der Kapitulation nicht, wohin, hatte keine Heimat mehr, und so müssen sich seine Hoffnungen auf die Anschrift auf seinem Feldpostumschlag gerichtet haben. Ein *blind date* aus Verzweiflung also, so stelle ich es mir vor. Er hieß Wolfgang, erzählt sie zögernd mit leicht wehmütigem Unterton, und ich mochte ihn, weil er so ruhig war und schön schreiben konnte. In ihrem Poesiealbum ist er mit dem knappen Satz verewigt: »Mehr sein als scheinen!« Da wollte wohl einer wesentlich werden nach den Erfahrungen des Krieges. Wir haben Foxtrott getanzt und abends Karten gespielt, aber mehr ist nicht gewesen. Ihr Gesicht verrät für einen Moment die damals offenbar unausgesprochen gebliebene leise Verliebtheit, die nicht realisierte Option im Leben. Irgendwann war er fort, und sie hatten nie wieder Kontakt. Das war damals so, fügt sie hinzu, wer weg war, war weg. Ich spüre an ihrem veränderten, nun wieder bewusst unsentimentalen Ton, wie sie beim Erinnern zurück in die alte Härte rutscht. Sie will weg von dem Thema, bevor es richtig angefangen hat. Eine Spur Peinlichkeit liegt in der Luft. Aber vielleicht werde ich ja bei anderer Gelegenheit noch etwas mehr über diese Episode in ihrem Leben erfahren.

Dann fällt ihr mitten im Erzählen ein, dass chronologisch gerade etwas Wichtiges gefehlt hat. Sie ist nach dem Ende der Volksschule nicht gleich in den Landdienst eingezogen worden, vorher musste sie noch eine andere Aufregung bestehen. Sie zögert, bevor sie mit ihrer Schilderung beginnt. Ich merke, dass sie sich überwinden muss, und rechne mit etwas Aufwühlendem. Wir haben mit vierzehn Jahren provisorische Zeugnisse in die Hand gedrückt bekommen, ohne jede Feierlichkeit, und dann hieß es: Morgen müsst ihr alle an den Westwall. Dort wurden 1944 auf Befehl von Adolf Hitler viele fleißige Hände gebraucht, um Gräben zur Panzerabwehr auszuheben. Eine Panikreaktion auf die Nachricht von der erfolgreichen Landung der Alliierten in der Normandie. Ihre ganze Schulklasse sei dem Befehl gefolgt, berichtet sie, nur sie sei zu Hause geblieben. Nach ein paar Tagen stand der gefürchtete Ortsgruppenleiter der NSDAP vor der Haustür, der davon Wind bekommen hatte, und verlangte Auskunft, warum sie nicht längst am Westwall zum Schippen sei. Einer muss sich bei uns doch um die Hühner kümmern, antwortete sie dem verdutzten Nazi-Funktionär, denn ihre Mutter und ihre Schwester seien zu Besuch beim Vater in Nürnberg, der dort zu dieser Zeit als Werkzeugmacher in der Rüstungsindustrie arbeitete. Er war ausgeliehen von den Kölner Ford-Werken und half nun in Nürnberg mit, Kugellager für die Laster der Wehrmacht herzustellen. Dann müsse sie stattdessen Nachtdienst als Helferin der Schwestern vom Roten Kreuz am Kölner Hauptbahnhof leisten, lautete der Befehl des Ortsgruppenleiters. Noch am selben Abend musste meine Mutter hin. Man streifte ihr eine Binde mit den beiden roten Balken über den Oberarm, und schon war die Vierzehnjährige mit dafür verantwortlich, das Chaos in dem mit schwerstverletzten Kriegsheimkehrern völlig überfüllten Hauptbahnhof so gut es ging zu bewältigen, und das ohne jede Kenntnis in Erster Hilfe und erst recht ohne jede mentale Vorbereitung auf die Schreckensbilder, die sie zu sehen bekommen würde. Eigentlich müsste sie in diesem Moment bereits verstanden haben, dass der Krieg längst verloren war. Sie kümmerte sich um Soldaten, die ihre offenen Wunden notdürftig mit Papier verbunden hatten, weil es an der Front kein Verbandsmaterial mehr gegeben hatte, sie hatte den Anblick von körperlich und seelisch zerschundenen Männern zu ertragen, von denen so manchem nicht mehr zu helfen war an diesem Ort, der sich völlig verwandelt hatte. Vorher ging es von hier aus in die Welt, nun war der Hauptbahnhof die Endstation. Meine Mutter musste während ihrer Dienste immer wieder auch um ihr eigenes Leben fürchten, weil der Bahnhof in dieser Zeit das bevorzugte Ziel von Luftangriffen war. Sobald er verdunkelt wurde, weil die Flieger nahten, kroch in ihr die Angst hoch. Alle mussten sich beeilen, rechtzeitig einen Platz im nahe gelegenen Luftschutzkeller zu ergattern. Wie lange man dort hocken musste, war ungewiss. Schreie, Lärm, Dunkelheit – so, wie sie mit dem Lager zuallererst Kälte assoziiert, ist es in diesem Fall primär die Dunkelheit, die in ihrem Gedächtnis fest mit der Angst verknüpft ist. Wie präsent diese Angst bis heute ist, sehe ich ihrem Gesicht während des Erzählens an. Es sieht gequält aus, als müsse sie alles noch einmal von vorn durchleben. Ich beginne zu verstehen, dass dieses Erinnern und Mitteilen eine Form der Verausgabung ist. Und ahne, warum ihre Generation es lange Zeit vorgezogen hat zu schweigen.

*

Ich konnte nach unserem letzten Gespräch gar nicht schlafen, eröffnet sie mir beim nächsten Mal, im Bett ist mir alles wieder durch den Kopf gegangen. Dann dürfen wir solche Gespräche nicht mehr nachmittags oder abends führen, entgegne ich, aber davon will sie nichts wissen. Ich sehe ihr an, dass sie auf die Fortsetzung schon gewartet hat. Worüber sie denn im Bett gegrübelt habe, frage ich sie. Und wieder hilft sie sich mit dem Satz: Ich bin von einer Aufregung in die nächste geraten. Und wusstest du, dass ich in dieser Zeit angefangen habe, nachts im Schlaf ganz fürchterlich zu schreien, so sehr, dass ich jeden Morgen mit schlimmen Halsschmerzen aufgewacht bin? Ich erschrecke beim Zuhören über ihre Geste, die sie währenddessen macht. Sie führt eine Hand an die Kehle und macht ein Gesicht, als ob auch jetzt alles bei ihr zugeschnürt sei, als müsse sie jeden Moment röcheln. Ja, ich wusste das, denn mein Vater hat mir in einem vertrauten Moment vor seinem Tod verraten, dass dieses Schreien eigentlich nie aufgehört hat. Dass er sie, nachdem sie beide sich nach dem Krieg als junges, völlig verstörtes Paar zusammengefunden hatten, nachts im Bett häufig lange fest umklammern musste, bevor sie endlich das Schreien einstellte. Und so ging das immer weiter, durch die Zeit des Wirtschaftswunders hindurch und wollte einfach kein Ende finden. Für ihn muss es fürchterlich gewesen sein. Jahrzehntelang nächtliche Schreie neben sich im Ehebett aushalten zu müssen, plötzlich aus dem Schlaf aufzuschrecken, dann schnell in die Rolle des Trösters umzuschalten und jedes Mal zu hoffen, dass der Rest der Familie nichts gehört hat. Ob er gelernt hat, danach wieder ohne lange Grübelei in den Schlaf zurückzufinden? Jedenfalls habe ich ihn nie morgens im Wohnzimmer auf der Couch vorgefunden, er hat nie nachts das Zimmer gewechselt. Er muss sich das Ausweichen selber verboten haben, so erkläre ich es mir. Eine strapaziöse Art ehelicher Treue. Noch jetzt, wo sie eine alte Frau ist, kommt es vor, dass sie in der Nacht schreit. Ich wusste es, obwohl ich es in meiner Kindheit überhört haben muss, und doch ist es noch mal erschreckender, dies alles nun auch von ihr selbst zu erfahren. Die Zeit der Scham ist anscheinend vorbei.

Aber womit hat alles angefangen, was muss da wieder und wieder raus aus der Kehle und will als dunkle Quelle auch so lange danach einfach nicht versiegen? Was war ihre erste Erfahrung mit überbordender Gewalt? Sie muss nicht lange überlegen, das war in der Zeit, als sie noch zur Schule ging und vermutlich dreizehn Jahre alt war. Damals hatte es einen schweren Luftangriff auf Köln gegeben, und die Schulkinder vom Stadtrand wurden anschließend zum Dienst verpflichtet, sie mussten in einer Turnhalle in der Stadt Butterbrote für ausgebombte Familien schmieren. Meine Mutter weiß nicht mehr, wie sie danach jemals wieder in den Schlaf finden konnte, denn auf dem Weg dorthin hatte sie zum ersten Mal das nackte Grauen gesehen. Ein Luftschutzkeller war von einer Bombe getroffen worden. Als endlich wieder Ruhe herrschte, hatte man die vielen Toten aus den Trümmern geborgen. Nun lagen sie um die Kirche herum auf dem Bürgersteig, um identifiziert werden zu können. Der Anblick von Toten war meiner Mutter zu diesem Zeitpunkt bereits vertraut, aber dies hier war etwas vollkommen anderes. Die Körper der Brandopfer waren nämlich durch die große Hitze geschrumpft. Was sie dort zu sehen bekam, muss einem wahr gewordenen Albtraum geglichen haben. Diese Bilder im Kopf bin ich nie losgeworden, sagt sie, verbrannte Leichen von Erwachsenen in Kindergröße. Sie hat versucht, diese Erinnerung auszuradieren, gelungen ist es ihr nie. Die bösen Spiele des Gedächtnisses. Ihre ganze Generation muss davon ein Leben lang geplagt worden sein. Und hat geschwiegen, auch weil es fast unmöglich scheint, für eine solche Erfahrungswucht eine passende Sprache zu finden.

*

Warum all das aufschreiben? Für den Moment bin ich vermutlich zu nah dran, um eine wirklich durchdachte Antwort darauf zu geben, warum ich nicht nur zuhören, sondern auch festhalten will. Aber es gibt da diese starke Intuition, dass das, was ich gerade mit ihr erlebe, kostbar und zugleich natürlich unwiederholbar sein wird. Ein plötzlich weit geöffnetes Fenster, das sich schon bald unweigerlich schließen wird. Man hat ja den Tod eines Menschen mit dem Brand in einer Bibliothek verglichen. Bestimmte Geschichten können anschließend nicht mehr erzählt werden, sie fahren mit in die Grube, Erinnerungsspuren verlieren sich, was auch künftig noch überliefert wird in der Familie, schrumpft dramatisch zusammen. Besonders dann, wenn wie im Falle meiner Mutter die Vorletzte ihrer Generation geht. Nur die Schwester meines Vaters kann noch Auskunft geben, aber auch ihre Tage sind gezählt. In dieser Hinsicht ist der Tod ein einziger Skandal, ein großer Vernichter. Sich dagegen auflehnen zu wollen, ist so absurd wie vergeblich. Und doch kommt es mir so vor, als könne ich etwas retten, indem ich meine Kladde vollschreibe. Jede einzelne Seite ein Stück geronnene Zeit, wobei es natürlich höchst fraglich ist, ob aus diesen Notizen in zehn Jahren noch irgendein Sinn zu schöpfen sein wird. Vielleicht werde ich erst dann bemerken, welche wichtige Frage ich zu stellen vergessen habe. Zudem ist es unübersehbar, wie sehr es meine Mutter genießt, dass ich unsere Gespräche notiere. Nach all den Jahren darf sie endlich mal im Mittelpunkt stehen, wird ihre Biografie wichtig. Daran hat es den Müttern ihrer Generation definitiv gefehlt. Sie hat viele Biografien historischer Persönlichkeiten gelesen. Plötzlich macht sie die Erfahrung, dass auch das Leben von kleinen Leuten und von Frauen wichtige Zeitspuren enthält und überliefert zu werden lohnt. Und sie weiß natürlich, dass sie mit ihren Begabungen unter anderen Zeitumständen mehr aus ihrem Leben hätte machen können. Meiner Schwester hat sie voller Stolz erzählt, dass ich alles aufschreibe, was in ihrem Leben wichtig war. Sie sitzt in ihrem verschlissenen grünen Sessel mit der Erwartung, dass es hoffentlich bald weitergeht. Alte Menschen lösen sich langsam auf. Aber wenn sie erzählen, wenn ihnen zugehört wird, spüren sie sich plötzlich wieder. Es entsteht eine Intensität. Dieser Gedanke meiner Schwester steht jetzt auch in meiner Kladde.

Der Tod meines Vaters, von dem noch zu berichten sein wird, liegt noch nicht lange zurück, gerade erst ein knappes Jahr. Auch in seinem Fall hatte ich das Glück, dass das Fenster längere Zeit weit offen stand. Das eigene Ende vor Augen, hat er rückhaltlos sein Leben bilanziert und auch von Schreckensmomenten berichtet, die er lange Zeit niemandem erzählen wollte. Um für sich den Deckel draufzuhalten, und sicher auch, um uns zu verschonen. Über etliche Tage hinweg habe ich im Krankenhaus an seinem Bett gesessen, meist in den Abendstunden, und dann hat er in die Dunkelheit hinein von Gewaltexzessen berichtet, die bei strahlendem Sonnenschein vermutlich unerzählt geblieben wären. Aber jetzt musste es raus. Wie eine Höhle war dieses Krankenzimmer, und wenn ich drinnen war und gelauscht habe, habe ich währenddessen Zeit und Raum der Welt da draußen komplett vergessen. Nicht nur, wer erzählt, spürt sich, auch, wer zuhört, kann die Erfahrung einer ungeheuren Intensität machen. Nie zuvor waren wir uns so nah gewesen. In diesen Wochen habe ich verstanden, dass es ausgerechnet die schmerzhaften Grenzerfahrungen sind, das Wissen um den bevorstehenden Abschied, die Hinfälligkeit, das Leid, die die Chance bieten, menschliche Nähe zu schaffen, wie es in den Routinen des Alltags anscheinend oft nicht möglich ist. Also ausgerechnet all das, was wir gern vermeiden möchten, indem wir uns wünschen, eines Tages am liebsten einfach so auf dem Bürgersteig tot umzufallen, kann neue Beziehungsräume öffnen. *Kann,* wohlgemerkt, denn wie oft gelingt dies auf der letzten Wegstrecke gerade nicht. Deswegen denke ich an diese Zeit mit großer Dankbarkeit. Jedes Mal, wenn ich die dunkle Höhle verließ, hatte ich keine Ahnung, wie viele Stunden in der Zwischenzeit verstrichen waren. Es gab nur noch pure Gegenwart, totale Dichte. Viel später erst wurde mir klar, dass wir diese Zeiterfahrung ja auch in besonders glücklichen Momenten machen, in der Liebe zum Beispiel, wenn die Uhr zum Stehen kommt.

Seinerzeit habe ich es versäumt, das Erlebte sofort aufzuschreiben, was ich inzwischen bereue. Ich versuche es nun so gut es geht nachzuholen, auch weil ich inzwischen weiß, wie wenig selbstverständlich es ist, dass das Gespräch zwischen den Generationen am Lebensende glückt. Das gilt zumal für diese Elterngeneration, die als Jugendliche seelisch verwüstet aus dem Krieg herausgekommen sind, gewissermaßen unschuldig schuldig, und deren Lippen so lange fest versiegelt waren. Nicht selten für immer. Wie oft habe ich von Gleichaltrigen und erst recht von Angehörigen der 68er-Generation gehört, dass ihre Eltern bis zuletzt geschwiegen und ihre düsteren Geheimnisse mit ins Grab genommen haben. Und wir Nachgeborenen haben im Gegenzug den psychoanalytischen Begriff der »Verdrängung« trivialisiert und aus ihm einen pauschalen Vorwurf gemacht und nicht selten versäumt, genauer nachzufragen, was gewesen ist. Und wenn doch, dann häufig anklagend, unerbittlich, selbstgerecht. Als ob man sich als Jüngerer sicher sein könnte, in vergleichbarer Situation ganz anders gehandelt zu haben. Aber ich habe den Eindruck, dass sich in dieser Hinsicht momentan etwas dreht. Unter den jetzt noch lebenden Zeitzeugen gibt es nicht wenige, die doch noch auf der letzten Wegstrecke zu reden beginnen und dies als befreiend erleben. Vielleicht eben auch, weil meine Generation gelernt hat, einen freundlicheren Grundton beim Fragen zu entwickeln. Die inzwischen verstrichene Zeit, so banal ist das, hat auch hier so manche Wunde geheilt, aus Zeitgeschichte wird allmählich Geschichte, die nicht mehr ganz so bedrohlich nahe kommt.

Alles aufzuschreiben, scheint mir auch deshalb so wichtig, weil der Abtritt der Generation meiner Eltern zeitlich zusammenfällt mit der Wiederkehr der Hassbereiten und Geschichtsrevisionisten. Es ist natürlich kein Zufall, dass diese Stimmen jetzt erst lauter werden. Sie mussten warten, bis die historische Lektion derer, die genug Blut im Leben gesehen hatten, allmählich verblasst. Ein »Vogelschiss« soll die NS-Zeit gewesen sein in einer tausendjährigen Erfolgsgeschichte der Deutschen, heißt es jetzt. Die Deutschen könnten stolz sein auf die Leistungen von Wehrmachtssoldaten im Zweiten Weltkrieg. Noch vor wenigen Jahren wären solche Aussagen aus dem Munde eines Vorsitzenden einer im Bundestag vertretenen Partei undenkbar gewesen. Hier wird ein Konsens aufgekündigt, der bislang tragend war für die demokratische Kultur im Land. Schwindet das Bewusstsein dafür, wie total der moralische Bankrott war? Regt sich da wieder die uralte Lust an der Aggression?

Es hilft nichts, rechtes Denken muss besser verstanden werden. Man sollte seinen Gegner studieren, wenn man ihn kleinhalten will. Es gibt ja genügend Blogs im Netz, die das erlauben. Auch wenn einem beim Lesen ganz anders wird. Dann stellt sich sehr schnell heraus: Es ist alles schon seit Langem da, schon in der Weimarer Republik gab es eine irrlichternde Intelligenz, die meinte konservativ und revolutionär zugleich sein zu wollen. Man muss sich nur dafür interessieren, welche Beiträge rechte Denker vor einem knappen Jahrhundert geleistet haben, um die erste deutsche Demokratie zum Einsturz zu bringen. Und wie schäbig sie sich hinterher verhalten haben, als klar wurde, dass aus ihrem Denken monströse Verbrechen geworden waren. Das hatte natürlich gar nichts mit ihnen zu tun. »Ich finde es nicht richtig, in dieser Blamage, die wir da erlitten haben, noch herumzuwühlen«, sagte der Staatsrechtler Carl Schmitt bei seiner Vernehmung im Rahmen der Entnazifizierung. Heute gilt Schmitt wieder als Leitfigur der Neuen Rechten. Kein Wunder, dass deren Vertreter von »Schuldkult« sprechen, die Zeit des Nationalsozialismus wie in einer Kapsel verschließen und lieber die glorreiche deutsche Geschichte in den Blickpunkt rücken wollen. Als schwankende Gestalten pilgern sie wieder zum Kyffhäuser. Die Neue Rechte muss den Holocaust als Betriebsunfall betrachten, um den eigenen Schatten loszuwerden. Sie hat bis heute kein Verhältnis dazu gefunden, dass die schlimmsten Menschheitsverbrechen auf das eigene Konto gehen. Deshalb das historische Lavieren von Gauland und Höcke, die bewusst in der Schwebe halten, was aus der Erinnerungskultur werden soll. Die beiden wollen das Konservative mit dem Völkischen verbinden. Genauso wie ihre enthemmten Großväter. Wenn sie ehrlich wären, würden sie wahrscheinlich sagen: Ohne Hitler hätte es auch einen guten Nationalsozialismus geben können.

Nur, was ist es, das rechtes Denken heute für viele wieder attraktiv macht? Ich vermute, dass es nur vordergründig um Politik geht, um Flüchtlinge oder andere Aufregerthemen. Entscheidender ist die psychologische Tiefenschicht darunter. Harte Rechte wollen sich selber wieder spüren. Sie suchen nach mehr Lebensintensität. Nach starken Gefühlen, weil ein gesichertes Leben eben auch immer ein bisschen langweilig ist. Und so gut wie uns heute ging es ja keiner Gesellschaft zuvor. Auch den Ärmeren nicht. So viel Wohlstand, so viel Sicherheit. So viel Zivilisiertheit. Da will man doch mal wieder die Sau rauslassen und leidenschaftlich hassen. Die Kultur des Kompromisses von Herzen verachten. Und es in Gemeinschaft mit anderen Hassern genießen, wie schnell sich eine Mehrheit der Gesellschaft verunsichern lässt. Wir können es uns heute gar nicht mehr richtig vorstellen, wie sich junge Leute, die zum Teil hochintelligent waren, massenhaft und vor allem begeistert als Freiwillige meldeten, um an die Front zu ziehen. Ist aber alles noch nicht so lange her. Sie fanden den Krieg, von zu Hause aus betrachtet, unterhaltsamer als den langweiligen Frieden. Manche von ihnen waren hochsensible Lyriker, humanistisch gebildet, wohlgenährt und ausgeschlafen. Sie schienen lebenslustig zu sein, dabei waren sie todessüchtig. Und dieses zugrundeliegende Gefühl hat offenbar im Verborgenen weiterexistiert. Jetzt artikuliert es sich wieder. Wer lustvoll hasst, spürt dabei: Es gibt mich noch.

Dies alles ist keine deutsche Krankheit, denn offensichtlich blüht die Sehnsucht nach dem harten Konflikt, nach Chaos und Auflösung gerade in vielen Ländern gleichzeitig. Die Decke der Zivilisation ist eben doch dünner als lange gedacht. Wir haben bislang die Ereignisse des Zweiten Weltkriegs als schreckliche, aber lehrreiche Urerfahrung gedeutet, die dafür sorgen würde, dass in Europa Konflikte nicht mehr mit Gewalt ausgetragen werden. Ob sich dies irgendwann als trügerische Illusion erweisen wird? Es gibt in der europäischen Geschichte der vergangenen fünfhundert Jahre, seit den Reformationskriegen des 16. Jahrhunderts, einen düsteren Zyklus, der zu wenig Beachtung findet. Etwa alle fünfzig bis siebzig Jahre brach auf europäischem Boden ein Großkonflikt mit verheerenden Folgen aus. Die Zeit zwischen den beiden Weltkriegen war noch mal deutlich kürzer. Und noch nach jedem anschließenden Friedensschluss meinte man ernüchtert, dass die Lektion nun ein für alle Mal gelernt sei. Keine politische Schlafwandelei mehr, um nicht in einem Gemetzel zu landen, das man eigentlich gar nicht wollte, das war noch jedes Mal hinterher das Versprechen. Die Überlebenden konnten eindrucksvoll Zeugnis abgeben von den Verheerungen der Gewalt, Söhne wollten nicht so enden wie ihre Väter oder Großväter. Jetzt sind schon 76 Jahre vergangen, und die Vermutung ist schwer von der Hand zu weisen, dass solche Zyklen von Krieg und Frieden viel zu tun haben mit lebendiger oder eben verblassender Erinnerung. Ein Krieg bricht nicht einfach so aus, er lebt von mentalen Voraussetzungen, von der Lust an der Aggression, von der Bereitschaft zu hassen. Und vom Vergessen. Schon deshalb gibt es allen Grund zur Sorge, wenn sich, wie inzwischen bei uns, unüberhörbar die Tonlage in einer Gesellschaft verschärft und Gereiztheit grassiert. Es gibt eben Zeitgenossen mit einer Sehnsucht nach dem geistigen Bürgerkrieg. Folglich muss zumindest versucht werden, möglichst viel zu bewahren und immer wieder neu zu erzählen. Auch wenn die Zeitzeugen nicht mehr da sind. Freilich wissen wir nicht, ob Dokumentationen und Fiktionen diese Lücke wirksam schließen können. Ich sehe noch meinen Vater kurz vor seinem Tod über die Zeitung gebeugt vor mir, wie er immer wieder ratlos fragte: Was will dieser Trump? Er sprach den Namen des damals neuen Präsidenten mit dem deutschen U aus, weil er mit der englischen Aussprache unvertraut war. Ihm war es innerlich zutiefst fremd, dass da einer Erfolg hat, gerade weil er auf die Karte Hass und Aggression setzt. Eine Sorge am Lebensende meines Vaters war jedenfalls, dass seine persönliche Lektion womöglich mit ihm verschwinden würde.

Es gibt noch einen weiteren Grund, warum ich nicht mehr ohne meine Kladde zu meiner Mutter gehe. Für mich persönlich ist er der schwierigste. Ob ich es will oder nicht: In der Begegnung mit ihr begegne ich mir selbst, nicht selten in unangenehmer Weise. Ich möchte festhalten, was mir beim Blick in diesen verzerrten Spiegel auffällt. Vielleicht lässt sich ja daraus lernen. Denn ihre Gebrechlichkeit von heute wird meine eigene von morgen sein. Ich bin gezwungen, mich der Tatsache zu stellen, dass die Kurve meiner Vitalität bereits jetzt deutlich nach unten zeigt und künftig ihre Richtung definitiv nicht mehr ändern wird. Meine Mutter befeuert diesen Gedanken im Übrigen schon lange mit mürrischen Bemerkungen, ich würde schon noch früh genug merken, wie schlimm das Altwerden sei. Sie betrachtet mich in dieser Hinsicht als ziemlich ahnungslos. Und es stimmt ja auch: Wenn es nicht seit Langem diese regelmäßige Ruhestörung gegeben hätte, die der Anblick des Siechtums meiner Eltern für mich darstellt, dann könnte ich weiterhin so leben, als wäre ich unsterblich. So, wie wir das fast alle tun. Diese Alltagsillusion funktioniert ja über lange Wegstrecken wunderbar, wir gehen durchs Leben, als ob es immer nur die anderen wären, die irgendwann sterben müssen. Nüchtern betrachtet ist der späte Winter des Lebens meiner Mutter mein eigener, längst angebrochener Herbst. Wenn sie bald tot sein wird, rücke ich in der Generationenfolge das entscheidende Kästchen nach vorn. Dann wird die Luft zum Atmen dünner werden, fürchte ich. Oft genug habe ich in den vergangenen zehn Jahren, in denen ich die fortschreitende Hinfälligkeit meiner Eltern beobachtet habe, für mich gedacht, dass ich schon zu viel gesehen habe. Zu viel von dem, was geeignet sein könnte, große, kaum zu beantwortende Sinnfragen an diesen letzten Lebensabschnitt zu stellen. Als ob ich in dieser Zeit meine Unschuld verloren hätte. Der radikal verkleinerte Lebensradius, wenn die Beine nicht mehr tragen. Der ereignisarme Alltag, der automatisch eine Fixierung auf die Vergangenheit mit sich bringt. Die tägliche Entdeckung eines neuen Schmerzes, der alle Aufmerksamkeit fordert und die Wahrnehmung der Welt komplett trübt. Und schließlich und vor allem das fehlende Lachen! Ich kann mich nicht daran erinnern, wann ich meine Eltern zuletzt so richtig ausgelassen erlebt habe. Wozu das alles, wie wird das auszuhalten sein? Meine Eltern haben es uns über die Jahre noch vergleichsweise leicht gemacht, indem sie sich nie in Klagen verloren haben. Das gehörte sich für sie nicht. Für sie galt es als Tugend, über körperliche Beschwerden keine großen Worte zu machen. Jammern bringt nichts, war das geflügelte Wort meines Vaters. Und ein zweites lautete knapp: Es muss! Aber muss es wirklich? Ich vermute, dass sich meine Generation künftig viel schwerer damit tun wird, Dinge auszuhalten, die wir nicht selbst in der Hand haben. Mit dem klarzukommen, was für uns unverfügbar ist. Dann werden wir uns vielleicht erst recht den schnellen Abtritt wünschen. Gut vorstellbar, dass wir schon bald den Alterssuizid als wenig ungewöhnlich empfinden werden. Den Weg dahin haben ja Sterbehilfe-Aktivisten nach langen Jahren harter Auseinandersetzung juristisch und politisch erfolgreich freigekämpft. Mit der hoch umstrittenen Entscheidung des Bundesverfassungsgerichts gilt nun ein Recht auf »selbstbestimmtes Sterben«, das die Freiheit einschließt, sich das Leben zu nehmen und dabei auch Angebote von Dritten in Anspruch zu nehmen, die den Tod als schmerzfreie Dienstleistung offerieren. Ein Urteil wie gemalt für eine Gesellschaft der Optimierung, die den Wert des Lebens daran misst, ob man als Individuum aktiv, attraktiv und autonom ist, also möglichst in keiner Lebenslage angewiesen auf die Hilfe anderer. Sterbehilfe-Aktivisten proklamieren die Autonomie bis zum letzten Atemzug und verstricken sich damit in heillose Widersprüche. Denn wie frei kann jemand sein, der ein letztes verzweifeltes Nein zum Leben ruft, und wie unabhängig von anderen? Es ist so oder so gerade der schleichende Verlust an Autonomie, mit dem wir werden lernen müssen umzugehen. Und der beginnt nicht erst kurz vor Toresschluss, der zieht sich über Jahrzehnte. Dann hält jeder Tag die unangenehme Lektion bereit, dass man sich mit ganz kleinen Schritten aus einer Welt entfernt, die die Jugendlichkeit feiert. Mit dem Verlust meiner Unschuld durch langjährige Beobachtung von Hinfälligkeit kommt es mir inzwischen so vor, als seien bei mir selbst aus kleinen inzwischen riesige Schritte geworden. Werden wir die erste Generation Todespille sein? Es wäre das Eingeständnis einer Gesellschaft, keine Antwort auf die Frage nach einem Altern in Würde gefunden zu haben, aber undenkbar ist diese Vorstellung nicht. Wer ein Leben lang nach möglichst viel Selbstbestimmung gestrebt, mentale und körperliche Techniken der Optimierung erprobt und überbordende Diskurse über Glück geführt hat, ist womöglich nicht mit der nötigen Lebenskunst vertraut, die das Altern erträglich machen kann. Meine Eltern haben darüber nie eine Zeile gelesen und erst recht nicht offen darüber gesprochen, und trotzdem halte ich sie beide in dieser Hinsicht im Rückblick für sehr begabt. Sie haben es geschickt vermocht, im hohen Alter aus wenig viel zu machen. Und es lebensklug vermieden, ihren Blick auf Optionen zu richten, die sie nicht mehr realisieren können. Also sterben lernen, das uralte Motiv der Philosophie, die traditionell uneins darüber war, ob das überhaupt geht, das ist es, was mich umtreibt. Denn dass ich häufig dachte, zu viel gesehen zu haben, und nach dem Besuch am Krankenbett erst mal ins Schwimmbad oder aufs Fahrrad musste, um ins Leben zurückzukönnen, ist nur das eine. Das andere sind die zahlreichen Momente, in denen ich dachte, mir etwas abschauen zu können. Einen solchen Moment erlebe ich gerade mit meiner Mutter. Eigentlich sollte es ihr schlecht gehen, aber es geht ihr sichtlich gut. Das Fenster steht weit offen.

*

Eine weiße Decke auf einem schmalen Holztisch, darauf eine kleine Lampe, eine Lesebrille und eine Armbanduhr. Unter dem Tisch die ausgetretenen Latschen. Die Uhr ist längst stehen geblieben, aber sie wird keine neue Batterie mehr bekommen, denn mein Vater ist ja seit einem Jahr tot. Meine Mutter hat seitdem nichts angerührt, alles sieht so aus, als ob er nur mal kurz weg wäre. Was Gegenstände leisten, wenn sie ihren festen Platz haben! Sie suggerieren Anwesenheit. Für uns Geschwister ist unausgesprochen klar, dass wir diese Ordnung der Dinge nicht antasten dürfen. Meine Mutter schaut über Stunden immer wieder darauf, wenn sie in ihrem grünen Sessel sitzt. Vielleicht gibt das Sicherheit. Alte Menschen mögen es nicht, wenn sich ihre Lebensräume verändern. Auch dies hier ist in gewisser Weise eine vertraute Höhle. Im Kleiderschrank hängen noch seine Sachen, nur das Pflegebett, das lange Zeit im Wohnzimmer neben dem besagten Holztischchen stand, ist kurz nach seinem Tod abgeholt worden, es war von der Krankenkasse nur geliehen. Meine Mutter war erleichtert, dass es wegkam, sie mochte nicht vom grünen Sessel aus in ein leeres Bett starren. Das hat sie sofort gesagt, nachdem sein Leichnam abgeholt worden war. Schafft das Bett hier raus. Wir haben die alte Couch wieder aus dem Keller geholt, damit der Raum nicht so kahl aussieht.

Heute ist der 30. Oktober 2018, sein erster Todestag. Sie trägt einen schwarzen Pullover, den man sonst nie an ihr sieht, verliert über diese Geste aber kein Wort. Trotzdem liegt es in der Luft, dass wir anfangen, über meinen Vater zu sprechen. Er hat es geschafft, lautet ihr erster Satz, er konnte nicht mehr leben. Ich staune über ihre Wortwahl und stimme ihr sofort zu. Das klingt plötzlich ganz anders als in den vergangenen Monaten. Sie beginnt offenbar das, was geschehen ist, innerlich anzunehmen, anstatt wie bisher dagegen zu rebellieren oder es auf eigenartige Weise nicht für wahr zu halten. Lange Zeit hat sich ihre Trauer in Wortschleifen ausgedrückt, die sie häufig wiederholte. Ihre beliebteste war: Da hat der sich einfach da hingelegt! Oder: Der hat sich einfach weggemacht! Als wollte sie sagen, er sei mal eben in den Keller, um eine Flasche Bier zu holen. In einem Ton gesprochen, der halb fassungslos und halb ironisch klang. Sie bekam etwas Kindliches, als ob sie sich selbst mit der Illusion helfen wolle, dass seine Abwesenheit nur vorübergehend sei. Oft kam sie mit einem einzigen Wort aus: Irre! Dann langes Schweigen. Auf meine Frage, was denn irre sei, antwortete sie regelmäßig, das alles ist irre.

Wenn ich bei ihr bin, gebe ich die Rolle des Vernünftigen, der möglichst gut zuhört und Verständnis äußert, aber, wenn es sein muss, auch Dinge klarstellt. Wenn ich dagegen allein bin und an meinen Vater denke, dann erlebe ich mehrmals täglich diese seltsamen Blitzeinschläge. Dann stellt sich bei mir genau der gleiche Gedanke ein. Das alles ist irre! Dass dieser Mensch, der mich ein Leben lang begleitet hat, nicht mehr da sein soll, ist eine Vorstellung, an der ich intellektuell scheitere. Der Tod ist so groß, das wusste ich nicht! Mir war ja lange klar, dass mein Vater sterben würde. Nicht selten habe ich es ihm gewünscht. Ich dachte, ich sei vorbereitet. Aber dann zu merken, dass nichts davon im entscheidenden Moment tragfähig ist, war eine für mich komplett neue, grundstürzende Erfahrung. Und das Merkwürdige ist: Man weiß als Trauernder ganz genau, dass man gerade vollkommen unvernünftig ist, bekommt aber in der konkreten Situation das Irrationale trotzdem nicht verscheucht. Wenn ich in den ersten Wochen nach seiner Beisetzung zu Besuch an seinem Grab war, kam regelmäßig der Gedanke hoch, dass ich ihn heimlich ausgraben müsse. Dass wir mit seiner Beerdigung einen Riesenfehler begangen hätten. Dort unten ist es kalt und feucht, das können wir ihm nicht antun. Bin ich denn der Einzige, der das nicht hinnehmen will? Alles, was hier passiert, ist irre, immer wieder dieser Gedanke. Eine Sterbebegleiterin hat mir vor einiger Zeit gesagt, Trauernde hätten oft die Sorge, verrückt zu werden. Ich habe es andersherum erlebt, die anderen waren für mich die Verrückten. Sie schienen nicht verstanden zu haben, dass sich die Welt nicht mehr so dreht wie vorher. Wenn die Blitze einschlagen, ich zum Beispiel mitten am Tag den Klang seiner Stimme zu hören meine, bedeutet das inzwischen übrigens nicht mehr, dass ich verzweifelt und todtraurig bin. Ich kann sehr gut weiterleben. Aber an die Fakten zu glauben, dass er wirklich ein für alle Mal weg ist, das fällt mir schwer.

Und nun also, pünktlich zu seinem ersten Todestag, bei ihr erste Anzeichen der Versöhnung mit dem, was geschehen ist. Ich habe sieben Jahre neben ihm im Sessel gesessen, fährt sie fort. Sie meint damit, dass sie auf eigene Unternehmungen fast immer verzichtet hat, weil er nicht mehr konnte. Ihr täglicher Treuebeweis, den sie sich gewiss oft hart abgerungen hat, denn sie war immer diejenige von beiden, die nach draußen strebte, die etwas sehen wollte von der Welt. Dieses Lassenkönnen, das ihr früher noch viel schwerer gefallen ist, war vielleicht der Anfang ihrer so wohltuenden Altersmilde. Stunde um Stunde haben sich die beiden gegenübergesessen, vermutlich fast ohne Worte. Zumeist vertieft in quälend langsame Lektüre, weil die Augen nicht mehr wollten oder der Kopf schwindelte. Wie es ihnen wirklich ging, was alles wehtat, worauf sich ihre Sorgen richteten, das haben sie sich fast immer wechselseitig verschwiegen. Wir Kinder erfuhren es jeweils als Geheimnis, waren der Kummerkasten, ein über Jahre perfekt eingeübtes Spiel der gegenseitigen Schonung. Sieben lange Jahre, ihre Rechnung bezieht sich auf die Zeitspanne zwischen seinem ersten, vermeintlichen Sterben und seinem tatsächlichen Tod vor einem Jahr. Mein Vater war beim ersten Mal schon so gut wie weg, mochte auch nicht mehr, und die Ärzte hatten sich seinerzeit genauso wie wir Geschwister schwer vertan, als sie meine Mutter, die ihn gar nicht gehen lassen wollte, darauf einschworen, dass sein Tod nur noch eine Frage von Stunden oder allenfalls Tagen sei. Sie müsse das akzeptieren. Stattdessen sieben Jahre, auch das vollkommen irre, ein Stoff für ungläubiges Staunen. Für mich im Nachhinein ein Wimpernschlag in Superzeitlupe. Die Vorgeschichte dieses ersten Sterbens war seine langjährige Leukämieerkrankung. Alle paar Monate brauchte er frisches Blut, um seine Lebensgeister wieder zu wecken. Er versuchte stets, die Transfusion, solange es ging, hinauszuzögern, auch weil er ein schlechtes Gewissen hatte, der Krankenkasse schon so lange auf der Tasche zu liegen. Aber je weniger rote Blutkörperchen er im Leib hatte, desto depressiver wurde seine Stimmung, er schaute grimmig und sprach kaum noch, weshalb er sich schließlich dann doch jedes Mal wieder aufraffte. Einmal gehe ich noch, aber irgendwann ist der Kerl verschlissen, sagte er dann jedes Mal. Er wollte, und er wollte nicht. In den vielen Krisen über Jahre hatte er Blutwerte, bei denen die meisten längst tot gewesen wären, und war im Wortsinne des Lebens müde. Und dann kam sein Zusammenbruch, als Folge eines blöden Sturzes, weil er eine Krücke nicht festhalten konnte. Ein fieser Oberschenkelhalsbruch, der so schmerzhaft war, dass eine schwere Operation unumgänglich wurde. Am Abend vorher haben wir alle uns im Krankenhaus von ihm verabschiedet in dem Bewusstsein, dass er vielleicht nie wieder aufwachen würde. Unvergesslich sein ernster, ruhiger Gesichtsausdruck und seine warmen Worte. Macht euch um mich keine Sorgen. Er schien es so nehmen zu können, wie es kommen sollte. Wieder mal war er der Lebenskünstler, und dazu passte, dass er dann doch wieder aufgewacht ist, wenn auch schwer gezeichnet. In den Tagen darauf hat er das Personal im Krankenhaus damit verblüfft, mit welch eisernem Willen er seinen geschundenen Körper mit quälenden Übungen wieder ein bisschen beweglicher machen wollte, und bekam dafür von einem Arzt zu hören, dass neun von zehn Patienten sich in vergleichbarer Situation längst aufgegeben hätten. Es war bewundernswert, wie klaglos er diese unglaubliche Selbstdisziplin aufbrachte, zugleich aber auch befremdlich, denn es war eine Härte gegen sich selbst, die nah am Trotz lag. Nicht leicht anzuschauen, was er da grimmig absolvierte, nachdem sich bei mir der Gedanke festgesetzt hatte, dass das Aufgebenkönnen im rechten Moment auch eine hilfreiche Tugend sein könnte. Und ich machte in diesen Tagen die überraschende Erfahrung, dass es weder ihn noch mich große Überwindung kostete, wenn ich ihm den Hintern abwischte. Wir wechseln jetzt die Rollen zwischen den Generationen, dachte ich, und keiner muss einem erklären, wie das geht. Einfach machen, nie hätte ich mit dieser lockeren Selbstverständlichkeit gerechnet. Er konnte nicht mehr leben, wiederholt meine Mutter ihren Satz, jetzt, sieben Jahre später, dabei galt das eigentlich damals schon. Es brach für mich bald darauf die erwähnte Zeit in der dunklen Höhle an, jene Tage ohne Zeit und Raum, als er mit dem Erzählen begann und plötzlich doch erkennbar abschließen wollte. Wir sind damals tatsächlich bis an den Punkt gekommen, dass ich dachte, nun sei alles raus, was ihn bedrängt hat, der Erzählstrom versiegte allmählich, sein Leben schien sich auf dieser letzten Etappe auf eine uns beiden wohltuende Art zu runden. Wenn er jetzt gehen darf, dachte ich, dann ist es gut.

Eines Morgens fand ich ihn im Krankenhaus hilflos am Tisch im Rollstuhl sitzend vor. Sein Kinn war fast bis auf die Brust gesunken, die Haare zerzaust, und er stammelte: Ich will nicht mehr, lasst mich in Ruhe. Wir haben ihn irgendwie ins Bett bekommen, und dort vergrub er das Gesicht sofort in den Kissen, wollte mit niemandem mehr etwas zu tun haben. Es sollte nur noch wenige Stunden dauern, bis er tatsächlich aussah wie ein Sterbender und der Chefarzt meine Mutter beiseitenahm, um sie auf das Kommende vorzubereiten. Als ich zwischendurch allein mit ihm im Krankenzimmer war, begann mein Vater plötzlich wieder zu sprechen. Er wolle jetzt sterben, es werde ihm alles zu lang, ob ich ihm vielleicht helfen könne, dass es schneller geht. Ich wollte sicher sein, seine Anspielung richtig verstanden zu haben, deshalb fragte ich ihn zurück, an welche Art von Hilfe er denn gedacht habe. Du kennst doch sicher jemanden, der solche Arzneimittel besorgen kann, war seine Antwort. Also Sterbehilfe? Ich brachte das Wort kaum über die Lippen, wollte aber jedes Missverständnis ausschließen. Ein entschlossenes Ja aus seinem Mund. Er überraschte mich auch mit der verblüffenden Klarheit seiner Willensäußerung, obwohl er zuvor längere Zeit in seinem Bewusstsein getrübt gewesen zu sein schien. Die wenigen Worte aus seinem Munde über Stunden oft nur schwer verständlich. Schmerzen hatte er in diesem Moment nicht, das bestätigte er mir, aber sein Gesichtsausdruck war schlimm depressiv. Sofort spürte ich, dass er mir da eine Last aufgebürdet hatte, die ich freiwillig niemals angenommen hätte. Seine Bitte war dringlich, seine Verzweiflung offensichtlich. Eine bedrängende Stille trat zwischen uns. Mir ging durch den Kopf, dass es in meinem Umfeld tatsächlich befreundete Ärzte gibt, mit denen ich über so etwas vertraulich sprechen könnte. Ohne freilich zu wissen, wie sie reagieren würden. Aber selbst angenommen, sie würden mir heimlich ein tödlich wirkendes Mittel in die Hand drücken, sollte ich dann derjenige sein, der es ihm am Bett anreichte? Eine unerträgliche Vorstellung. Mit jeder weiteren Minute, die zäh verstrich, ohne dass er wieder eingeschlummert oder selber vom Thema abgekommen wäre, wuchs mein Unbehagen und zugleich die Entschlossenheit, ihm die Bitte abzuschlagen. Schließlich sprach ich es aus. Nein, das dürfen wir nicht, Papa! Ich weiß nicht mehr, warum ich in jenem Moment wir statt ich gesagt habe, vermutlich war eine ordentliche Portion Feigheit dabei. Er nahm mein Nein wortlos hin und drehte sich wieder zur Wand. Gesprächsabbrüche durch beredtes Schweigen waren schon immer seine Stärke, sogar jetzt brachte er die Kraft dafür auf. Ich war trotzdem erleichtert, dass er mich nicht weiter zu überreden versuchte. Und obwohl meine Entscheidung für mich unverrückbar war, hatte ich ein schlechtes Gewissen, weil seine Bitte aus so tiefer existenzieller Not entsprungen war. In dieser Stunde konnte ich nicht ahnen, dass wir beide noch jahrelang immer wieder auf diesen entscheidenden Augenblick zurückkommen würden, wenngleich von seiner Seite eher widerstrebend. Ich musste davon ausgehen, dass ich ausgerechnet zu seinem letzten großen Wunsch Nein gesagt hatte.

Inzwischen hatten wir begonnen, seine Rückkehr nach Hause zu organisieren. Wenn sein Sterben absehbar war, uns aber anscheinend doch noch ein paar gemeinsame Tage blieben, wie uns die Ärzte wiederholt versicherten, dann sollte er diese besser in vertrauter Umgebung verbringen, was auch seinen eigenen Bedürfnissen entsprach. Wir bauten das Wohnzimmer um, damit das Pflegebett Platz hatte, und glücklicherweise übernahm sehr kurzfristig ein ambulanter Hospizdienst, der schnell mit beeindruckender menschlicher Wärme unser ganzes Vertrauen erwarb, die Pflege und Schmerztherapie. Jetzt fühlten wir uns sicher, obwohl wir vorher Zweifel gehabt hatten, ob wir alles, was mit dieser Rückkehr zusammenhing, würden bewältigen können. Ein zunächst unscheinbar wirkender Satz im Beratungsgespräch erwies sich im Nachhinein für meine Schwester und mich in seiner Wirkung als segensreich. Man hatte uns in einem Moment, in dem wir sehr durcheinander und auch ängstlich waren, nicht etwa gesagt, dass wir das schaffen würden, was auf uns zukäme, sondern vorsichtiger angeboten, wir sollten es doch einfach probieren. Es war eine freundliche Einladung, eine offene Situation innerlich anzunehmen, die Kunst der Improvisation einzuüben, ohne den blockierenden Versuch zu machen, den kommenden Entwicklungen gedanklich immer voraus sein zu wollen. Den Mut für einen kleinen Anfang aufzubringen, anstatt gleich Verantwortung für ein Gelingen bis zum Schluss übernehmen zu müssen. Wir halfen uns mit der bewährten psychologischen Überlebensstrategie: nur von Tag zu Tag denken. Und kaum heimgekehrt, fand mein Vater zurück in die Ruhe, genoss vom Bett aus den Blick durchs Fenster auf die hohen Pappeln, in denen die Misteln saßen. Schon bald war das Bittere aus seinem Gesicht verschwunden, das stumme Betrachten der vertrauten Welt schien ihn zu verwandeln. Er nahm sich ganz viel Zeit für das, wofür er schon immer eine besondere Begabung besessen hatte: den konzentrierten Blick auf die kleinen Dinge in der Natur zu richten, Veränderungen zu bemerken, die mit flüchtigem Auge unsichtbar bleiben. Der Ausschnitt seiner Welt war sehr klein, nur das, was hinter dem Wohnzimmerfenster lag, aber ihm schien er zu genügen. Es war der Anfang eines kleinen Wunders, von dem wir zu diesem Zeitpunkt immer noch nichts ahnten.

Ich weiß nicht mehr, wie lange es gedauert hat, bis wir zu verstehen begannen, dass der Tod diesmal keine Chance hat. Irgendwann begann mein Vater wieder zu essen, erst zögerlich, dann mit sichtlichem Appetit. Mir schmeckt es wieder, sagte er fast entschuldigend. Und noch ein paar Tage später wollte er raus aus dem Bett und ein paar Schritte riskieren. Wir hielten den Atem an, konnten nicht glauben, was da vor unseren Augen geschah. Von einem Sterbewunsch war längst keine Rede mehr.

Die Depression war verscheucht, er wollte wieder zurück ins Leben. Sieben lange Jahre sollten also noch folgen. Er hat nach einiger Zeit wieder mit der Krücke in der Hand die 22 Stufen hinaus aus dem Mietshaus geschafft, was jedes Mal ein solcher Kraftakt war, dass man nicht hinschauen wollte, aus Angst, dass er jeden Augenblick stürzt. Und er hat nach ein paar Wochen, als die Frühjahrsstimmung ihn lockte, sogar eine eigene Technik entwickelt, um zumindest ein paar Quadratmeter seines Schrebergartens umzugraben. In Zeitlupe, über Stunden bis zur Erschöpfung, den linken Arm auf einen Stuhl gestützt. Das ist ja nur Spielerei, hat er oft nach seiner Rückkehr gesagt, ich kriege nichts mehr geschafft. Irgendwann ist der Kerl verschlissen. Wer ihn kannte, wusste um die Bedeutung des Wörtchens irgendwann in diesem Standardsatz. Es war also noch nicht so weit, auch nicht in seinen Augen.

Von sich aus mochte er in den Jahren danach nicht mehr ansprechen, was in jener dunklen Stunde mit ihm passiert war, als er mich um Sterbehilfe gebeten hatte. Wenn ich zu fragen begann in vertrauten Momenten, die mir günstig schienen, reagierte er zumeist einsilbig. Manchmal auch so, als könne er sich gar nicht richtig erinnern. Dies schien für ihn länger her zu sein als die eigene Kindheit, irgendwie unwirklich, ihm selber im Rückblick fremd, wie aus einer anderen

Welt. Er wollte das Gespräch nicht sabotieren, das war es nicht, er fand nur selber den Erinnerungsfaden nicht, an dem er hätte ziehen können. Ich habe darauf verzichtet, ihn damit zu konfrontieren, dass er mich mit seinem Wunsch, ein tödlich wirkendes Medikament zu besorgen, mächtig gestresst hat, weil ich unser zaghaftes Gespräch zu dem Thema frei halten wollte von Vorwürfen. Ich wollte lieber etwas wissen über sein inneres Erleben. Aber es war kaum möglich für ihn, daran anzuknüpfen. Er konnte darüber nur in Bildern sprechen, die alle darauf hinausliefen, dass er vorübergehend in einem anderen Zustand gewesen war, gewissermaßen nicht mehr er selbst. Ich bin damals ziemlich weit rausgeschwommen, ich war nicht mehr hier, schon auf dem offenen Meer. Er staunte über sich selbst, über seine eigene Formulierung, denn üblicherweise war seine Sprache nüchtern und knapp, meist frei von Metaphern. Mehr war von ihm dazu nicht zu erfahren.

Meine Mutter hat damals im Krankenhaus von alldem nichts mitbekommen. Sie war ja damit beschäftigt, sein Sterben aufhalten zu wollen, rebellierte gegen vermeintliche Tatsachen, während er gleichzeitig nach der Abkürzung suchte. Mein Mann ist doch noch so lebendig, der wird nicht sterben, das kann alles nicht sein, rief sie verzweifelt im Flur dem Arzt hinterher, der ihr zuvor vehement die gegenteilige Botschaft beizubringen versucht hatte. Niemand konnte ahnen, dass sie recht behalten sollte. Jedenfalls ein Recht auf Zeit.

*

Die eigene Familiengeschichte nicht schönschreiben, wichtiger Vorsatz. Denn das ist ja die Tücke in der Überlieferung innerhalb der eigenen Sippe, was nicht passt, wird passend gemacht. Das Familiengedächtnis spaltet gern alles ab, was das positive Selbstbild beschädigen könnte. Oft ist beschrieben worden, dass das Land der Täter hinterher zu Hause fast nur noch Opfergeschichten erzählt hat. Immer wieder Krieg, Bomben und Hunger, aber kein freiwilliges Wort darüber, dass man selber Verursacher des Vernichtungskrieges gewesen war und davon profitiert hat, dass andere ausgeplündert wurden. Vom gezielten Wegschauen im Alltag, wenn Nachbarn drangsaliert wurden, ganz zu schweigen. Unschuldig schuldig habe ich die Generation meiner Eltern genannt, die bei Kriegsende zu jung war, um für eigene Taten im vollen Sinne moralisch verantwortlich gemacht werden zu können, aber doch alt genug, auch wenn sie sich das nicht aussuchen konnten, um längst vollgesogen zu sein mit dem Nazigift im Innern, das sich nach dem Krieg nicht einfach in Luft aufgelöst hat. Es hat sich danach nur nicht mehr primär politisch bemerkbar gemacht, sondern eher in den kleinen Dingen des Alltags, in der individuellen Psyche. Wie man seine Kinder erzieht, was am Abendbrottisch geschieht, wie man auf Menschen schaut, die nicht der eigenen Norm entsprechen, wie viel Unerbittlichkeit man sich selbst und anderen gegenüber aufbringt. Die Nachwirkungen also des autoritären Charakters, des Nazi-Über-Ichs, der Schule der Härte, wie sie meine Mutter im Lager der Hitlerjugend durchlaufen hat und mein Vater noch für ein paar Wochen an der Front. Und beide zuvor natürlich durch das Erziehungsprogramm der Nazis, das in alle Poren der Gesellschaft gedrungen war und Menschen über Jahre verformt hat. Die Gefühle wurden kollektiv umcodiert, was die Voraussetzung war für eine gigantische Umwertung aller Werte. Richtig und falsch einmal um 180 Grad gedreht. Über die Langzeitwirkung solcher Kindheitsmuster haben meine Eltern nichts gewusst, wie ja überhaupt die ganze Gesellschaft anders als heute mit Einsichten aus der Sozialpsychologie vollkommen unvertraut war. Sie hatten auch keinen Zugang zu den Kreisen der Intellektuellen, die eifrig über das Buch des Psychoanalytiker-Ehepaars Mitscherlich über »die Unfähigkeit zu trauern« diskutierten. Deshalb werden meine Eltern von den Nachwirkungen des Gifts in ihrer Seele auch lange Zeit zwar immer wieder etwas gespürt, aber doch nicht systematisch gewusst haben, jedenfalls nicht so deutlich wie im hohen Alter, als die alten Geschichten dann plötzlich rausmussten. Das Schweigen hat gewiss lange Zeit geholfen, vermutlich war es zunächst auch ohne Alternative, aber irgendwann trug es nicht mehr.

Als ich jünger war und zum ersten Mal von den Ungeheuerlichkeiten der Judenvernichtung erfuhr, kam es mir so vor, als ob das alles Nachrichten von einem anderen Planeten wären. Das war grausam und zutiefst verstörend, hatte aber doch erst mal nichts mit unserem damaligen Lebensgefühl zu tun, das von Aufbrüchen und enormen Freiheitsspielräumen geprägt war. Wir waren vierzehn oder fünfzehn, als der Geschichtslehrer im Gymnasium die Vorhänge zuziehen ließ, um den Dokumentarfilm »Bei Nacht und Nebel« zu zeigen. Er warnte uns nicht vor, was wir zu sehen bekämen: Bilder aus Auschwitz von zahllosen Leichen, die aufgetürmt dalagen, schrecklich abgemagerte Körper, Berge von Brillen und Schuhen, die man KZ-Häftlingen abgenommen hatte, ausgeschlagene Goldzähne, abgeschnittene Haare, aus denen Perücken gemacht wurden. Dazu finstere Musik, die unter die Haut ging. Der Film war nicht lang, und trotzdem war die Geschichtsstunde danach auch schon beendet. Ohne Worte wurden wir nach Hause geschickt. Keine historische Einordnung, erst recht kein Trost. Das war die Zeit der

Schockpädagogik. Wir lernten uns für unser Land zu schämen, sollten es wohl auch, es schien so etwas wie eine düstere Erbschuld zu geben. Aber für einen Jugendlichen Mitte bis Ende der 1970er-Jahre war 1945 zugleich eben auch sehr lange her. Ganz banal, weil uns alle, die damals schon gelebt hatten, sehr alt vorkamen. Mit denen verband uns eine ganze Zeit lang nichts mehr. Wer hatte damals schon fruchtbare Gespräche mit den eigenen Eltern? Nie und nimmer hätte ich zu Hause davon erzählt, was unsere ganze Klasse an dem Film von Alain Resnais so sehr verstört hatte. Die kritischen Fragen an die eigenen Eltern kamen später. Aber Zeithorizonte verschieben sich. Was einem früher furchtbar lang vorkam, vergeht heute wie im Nu. Erst mit dem Älterwerden ist mir klar geworden, wie gering der Sicherheitsabstand tatsächlich war, der uns damals von Auschwitz trennte. Wie lang der Schatten war, in dem wir aufwuchsen. Schon siebzehn Jahre danach bin ich geboren, also nur ein Bruchteil meines jetzt bereits gelebten Lebens, wie habe ich da der Illusion erliegen können, diese Ereignisse hätten nichts mit mir zu tun? Nur siebzehn Jahre, das ist der wahre Vogelschiss, wenn es darum geht, einen solchen Zivilisationsbruch zu verarbeiten. Zu dieser Zeit hatten alle Familien noch dunkle unerzählte Geschichten, die möglichst niemals unterm Teppich hervorgeholt werden sollten. Wie kollektiv kaputt muss die Gesellschaft gewesen sein, in die ich hineingeboren wurde! Wenn ich in alten Familienalben aus der Zeit rund um mein Geburtsjahr 1962 blättere, dann sehe ich inzwischen erschreckend leere Gesichter in Schwarz-Weiß, die vor Bieren und Schnäpsen sitzen. Und bald darauf mussten die, die da saßen, es irgendwie aushalten, dass unsere Haare länger und unsere Musik wilder wurde.

Also noch einmal: die eigene Familiengeschichte nicht schönschreiben, gezielt nach den Erzähllücken suchen. Heute spreche ich meine Mutter auf die Stolpersteine in ihrer damaligen Nachbarschaft an. Gleich um die Ecke bei ihr erinnern seit einigen Jahren elf beschriftete, bronzene Quadrate, die in den Bürgersteig eingelassen sind, an Menschen, die 1943 zwangsweise in ein von den Nazis sogenanntes »Judenhaus« eingewiesen wurden. Sie sollten dort bis zum Spätsommer 1944 auf ihre Deportation in ein KZ warten. Die Familie Lippert hatte vorher dort schon gewohnt, sie waren »Halbjuden«, wie meine Mutter in ungebrochener Nazi-Terminologie erklärt, die beiden anderen Familien wurden zusätzlich dort einquartiert. Bei Lipperts im Garten habe ich als Kind immer Löwenzahn für die Kaninchen geholt, berichtet sie aus der Zeit, als das Wort »Judenhaus« noch nicht im Umlauf war. Das waren ja Nachbarn, fügt sie fast entschuldigend hinzu, als müsse sie sich dafür rechtfertigen, diesen Kontakt gehabt zu haben. Zwei Lippert-

Kinder waren bei ihr auf der Brücker Volksschule, beide kaum älter als sie. Dann erinnert sie sich an die strengen Regeln, die auf dem Schulhof galten. Katholische Kinder, die deutlich in der Mehrheit waren, wurden im Haupthaus unterrichtet, die evangelischen Kinder in einer Baracke. Ein Strich auf dem Hof markierte die Grenze, die nicht überschritten werden durfte. Wir kannten uns gar nicht, fügt sie hinzu, selber im Nachhinein erstaunt über Zustände, wie man sie sich heute nur noch schwer vorstellen kann. Und dann erzählt sie von ihrem Schulkameraden Wolfgang Heuser, aus dem gleichen Geburtsjahrgang 1930 wie sie, ein »halbjüdischer« Junge, der mit seiner Familie zu den Lipperts um die Ecke ins »Judenhaus« ziehen musste, ohne zu ahnen, dass von dort irgendwann der Abtransport ins KZ erfolgen sollte. Er und die beiden Kinder der Lipperts durften in der Pause nicht mit den anderen spielen, sie mussten stumm vor der Baracke stehen. Alle sollten sehen, wer nicht dazugehörte, alle haben es gesehen. Der damalige Rektor Bick sei ein strammer Nazi gewesen, gefürchtet wegen seiner brutalen Strenge und Willkür. Erst später habe sie erfahren, dass er sich nicht weit von hier eine Villa unter den Nagel gerissen hat, in der vorher Juden wohnten. Oft sei der Rektor in der großen Pause zu Wolfgang hinübergegangen, der schweigend vor der Baracke stand, und habe dem Dreizehnjährigen aggressiv zugesetzt. Die

Juden sind an allem schuld und haben kein Recht, in diesem Land zu leben. Immerhin, sie erinnert sich an den Wortlaut der Demütigungen, denke ich, jetzt meldet sich das Gedächtnis doch noch, das so lange Zeit gestreikt hat. Wobei ich mir nicht sicher bin, ob ihre Erinnerung tatsächlich vorübergehend weg war oder ob sie die Auseinandersetzung mit solchen Ereignissen bislang still mit sich selbst ausgemacht hat. Wahnsinn, dass der Bick da Politik auf dem Schulhof gemacht hat. Ihr Zorn auf ihn im Rückblick ist zweifellos echt. Er wollte, dass alle es mitkriegen, fügt sie hinzu. Wie muss der Wolfgang sich gefühlt haben, fragt sie vorsichtig. Dann langes Schweigen. Ob sie denn wisse, frage ich vorsichtig zurück, was aus ihm geworden sei? Irgendwann waren die drei Familien weg, aber ich weiß nicht, wann. Ich war ja bei Kriegsende in Franken. Warum redet sie jetzt so, als müsse sie ein Alibi präsentieren, geht es mir durch den Kopf, das ist hier doch kein Verhör. Jedenfalls versuche ich alles, um diesen Anschein zu vermeiden. Und dann spüre ich, wie sich die alte Härte wieder meldet. Die Lücke tut sich auf. Das Thema ist für sie durch, sie will sich nicht aktiv den Fragen stellen, die in diesem Moment eigentlich auf der Hand liegen. Wie hatte sie es kürzlich formuliert? Wer weg war, war weg. Das war damals so.

Für heute ist es uns beiden genug. Ich möchte sie auch nicht zu sehr bedrängen. Als ich auf der

Straße stehe, zieht es mich noch einmal zu den elf Stolpersteinen im Bürgersteig. Elf Namen von Menschen, die meine Mutter und natürlich auch die anderen Nachbarn zumindest vom Sehen kannten. Zum Glück steht dort auch, dass alle elf nicht deportiert, sondern rechtzeitig versteckt worden waren. Alle haben überlebt. Zu Hause ziehe ich ein Buch der lokalen Geschichtswerkstatt über Brück im Nationalsozialismus aus dem Regal. Dort ist festgehalten, was aus den drei Familien aus dem »Judenhaus« geworden ist. Wolfgang, der Mitschüler meiner Mutter, hat den Lokalhistorikern lange danach erzählt, dass er in seiner Klasse zuerst geschnitten und dann verspottet worden sei. Nur ein einziges Kind habe zu ihm gehalten. Meine Mutter war es nicht.

*

Worüber sprichst du morgen im Radio? Über Heimat. So begann das letzte richtige Gespräch mit meinem Vater wenige Tage vor seinem Tod, der sich zu diesem Zeitpunkt noch gar nicht ankündigte. Seine Frage war Routine, dass ich jeweils nur knapp darauf antwortete, auch. Ich wusste, dass er seit einiger Zeit nicht mehr so viel Anteil an der Welt nahm wie zuvor, meistens begnügte er sich mit meiner kurzen Information und fragte nicht weiter nach. Aber diesmal merkte er auf, dieser Stoff interessierte ihn, schließlich war es sein Lebensthema. Er wollte wissen, warum denn heute darüber gesprochen werde, was daran aktuell sei. Ich berichtete ihm von Politikern, die das Wort zu besetzen versuchten, um es nicht Rechtsradikalen zu überlassen, die davon profitieren wollen, dass es eine Sehnsucht nach Überschaubarkeit gibt in den Stürmen der Globalisierung. Nach Beständigem in Zeiten rasanten Wandels. Vermutlich hatte ich zu abstrakt gesprochen, jedenfalls schwieg er daraufhin lange. Ich dachte schon, er sei in Gedanken längst woanders. Und dann auf einmal ein einziger, allerdings goldener Satz: Heimat ist da, wo die eigenen Kinder groß werden. Mit Nachdruck gesprochen, auch mit einem gewissen Trotz, als ob er gegen eine innere Stimme ankämpfen müsse, die mit dem Gesagten gar nicht einverstanden ist. Mein Vater war nie ein Mann des Wortes, im Schweigen war er viel begabter, umso überraschter war ich, aus seinem Munde nun fast eine Art von Definition zu hören. War ihm das so rausgerutscht? Das ist es doch, dachte ich, Heimat kettet uns nicht an unsere Herkunft, sie ist keine Zeitkapsel, in der sich nie etwas ändern darf, keine kindische Fantasie von der Rückkehr in den warmen Mutterschoß, Heimat hängt von aktiver Gestaltung ab. Ich kann sie mir schaffen, sie ist nicht einfach gegeben und immerzu gleich. Und ausgerechnet mein Vater, der sich über einen langen, schmerzhaften Prozess hinweg von einer anderen Vorstellung von Heimat trennen musste, bringt es auf den Punkt. Noch jetzt, da ich dies aufschreibe, ein gutes Jahr nach seinem Tod, kann ich kaum glauben, wie es ihm gelingen konnte, so kurz vor seinem Ende diesen Schlussstein zu setzen. Er war versöhnt, das galt schon länger. Aber nun hatte er auch noch eine Sprache dafür gefunden. Er hatte es geschafft, sein tiefes Trauma erst zu bearbeiten und dann zu überwinden. Worte verändern die Wirklichkeit.

Es gibt einen Schlüsselmoment in seiner Lebensgeschichte, den er jahrzehntelang in seinen Gedanken umkreist hat, weil er verzweifelt nach Antworten suchte, die nicht mehr zu bekommen waren. Immer wieder erinnerte er sich an das letzte Gespräch mit seinem Vater Willy, das er führte, ohne wissen zu können, dass sie sich danach nie wiedersehen würden. Vielleicht hat er es in diesem Augenblick aber zumindest geahnt. Damals lag der Achtzehnjährige verwundet in einem Lazarett im niederschlesischen Grünberg, dem heutigen Zielona Góra. Er war nur für ein paar Wochen an der Front in Estland und Lettland gewesen, bevor er die Verwundung erlitt, für die er im Nachhinein so dankbar war. Granatsplitter hatten ihn ins Knie und in den rechten Daumen getroffen, vermutlich seine Lebensrettung, weil er nicht mehr laufen konnte und deshalb schnell aus der Hölle wieder rausdurfte. Allerdings begann danach für ihn mit dem Rücktransport von der Front eine Odyssee über fast zweitausend Kilometer, die über das Kriegsende hinaus dauern sollte und seine weithin unbeschwerte Kindheit und Jugend schlagartig beendete. Das erwähnte Lazarett war lediglich eine Zwischenetappe, auch zuvor war es in dem Chaos des Rückzugs nicht gelungen, den Verletzten so zu operieren, wie es nötig gewesen wäre. Stets musste geräumt werden, bevor er auf dem OP-Tisch an der Reihe war, weil die Front näher rückte. Und auch jetzt zeichnete sich ab, dass mein Vater ein weiteres Mal verlegt werden musste, schon kurz nach diesem Besuch seines Vaters Willy zu Jahresbeginn 1945 wurde das Lazarett Grünberg aufgegeben, weil die Rote Armee vor der Tür stand. Um genau darüber zu reden, war der Vater nach Grünberg mit dem Fahrrad aus dem Heimatdorf Grunow gekommen, das nur 24 Kilometer entfernt liegt. Der Vater, damals 52 Jahre alt, wollte sich mit dem Sohn besprechen, was die Familie tun solle. Seit Wochen schon passierten die endlosen Flüchtlingstrecks ihr Dorf, das an der Hauptstraße liegt, die von Breslau nach Berlin führt. Die Dorfbewohner hatten so viele verzweifelte Menschen gesehen, die panisch wegliefen, ohne zu wissen, wohin, dass sie deren Los auf keinen Fall teilen wollten. Andererseits kursierten schlimme Geschichten über das Verhalten russischer Soldaten, die sich bald darauf fürchterlich bestätigen sollten. Sie sahen vor ihrer Haustür voll beladene Karren, deren Achsen brachen. Einmal stand die jüngere Schwester meines Vaters am Fenster und erschrak über den Anblick einer Kolonne befreiter KZ-Insassen in Lageruniform. Von einem Ort namens Auschwitz hatte meine Tante zu diesem Zeitpunkt noch nie gehört, aber vermutlich kamen die verlorenen Gestalten vor dem Fenster von dort. Intellektuell konnte die Elfjährige damals nicht verstehen, was sie sah, es muss ihr wie ein Gespensterzug vorgekommen sein, aber die furchtbar ausgemergelten Körper und die hohlen Gesichter stehen ihr als ein bis heute bedrängender Albtraum vor Augen. Noch so eine Erinnerung, für die die Technik der Auslöschung fehlt, denn Verdrängung geschieht ja bloß vorläufig. Jeden Abend trafen sich die Männer des Dorfes, um die Lage zu beraten, sie warteten wie gelähmt auf einen Befehl der Behörden zur Evakuierung, der niemals eintreffen sollte. Der Staat, auf den sich selbst dann noch Erwartungen richteten, war längst kollabiert. Über Stunden müssen mein Vater und mein Großvater ratlos am Krankenbett beisammen gewesen sein, am Ende mit zwei unvereinbaren Standpunkten. Der Junge beschwor den Alten, rasch die Sachen zu packen und abzuhauen, um sein Leben und das seiner Frau und Tochter zu retten. Der Alte entgegnete ihm: Wenn wir aus dem Dorf raus sind, haben wir keine Heimat mehr. Dieser Satz ist in meiner Familie hundertfach wiedergegeben worden, weil er als der letzte gilt, den mein Vater aus dem Munde seines Vaters gehört hat. Danach muss Willy sich aufs Fahrrad geschwungen haben, um nach seiner Rückkehr in Grunow eine verhängnisvolle Fehlentscheidung zu treffen. Sie blieben und verloren am Ende beides: ihre Heimat und sein Leben. Bald darauf wurde mein Großvater Willy, der zu diesem Zeitpunkt schon die Gelbsucht hatte und schwer gezeichnet war, von Soldaten der Roten Armee Richtung Sibirien verschleppt, so wie alle Männer des Dorfes, die geblieben waren. Unterwegs muss er den Transport in einem Güterwaggon gerade noch überlebt und dann in einem Lager in Sibirien elendig gestorben sein, aber das hat mein Vater erst viel später erfahren, lange nachdem der Krieg zu Ende und er selbst im Westen gestrandet war.

Wenn wir aus dem Dorf raus sind, haben wir keine Heimat mehr. Der Schlüsselsatz zu diesem Schlüsselmoment in seiner Lebensgeschichte. Jahrzehntelang hatte er ihn im Ohr, er muss ihn sehr gequält haben. Er wurde die fixe Idee nicht los, dass er seinen Vater in diesem entscheidenden Gespräch hätte überreden müssen, sich so lange es noch ging, von seiner Heimat loszusagen. Bei seinen lebenslangen Grübeleien quälte ihn eine wiederkehrende und nicht zu beantwortende Frage: Wie mag er gestorben sein? Wer war bei ihm? Wie lange hat er gelitten? Eine entsetzliche Lücke, nie zu schließen. Seine Trauer hatte keinen Ort. Noch kurz vor seinem eigenen Tod hat ihn das umgetrieben. Und dann ist er ausgerechnet am 125. Geburtstag seines Vaters Willy gestorben.

*

Schreiben heilt. Ich merke, wie gut es mir tut, ein verloschenes Leben auf diese Weise noch einmal zu vergegenwärtigen. Gleichzeitig tun sich aber neue Lücken auf, die mir vorher nie bewusst waren. Ich würde ihn gern noch einmal zu diesem entscheidenden Gespräch in Grünberg befragen, denn nun erst merke ich, dass ich zwar in groben Zügen weiß, was dort geschehen ist. Aber mir fehlt die Atmosphäre, ich kann mir nicht vorstellen, wie genau die beiden auseinandergegangen sind, welche Gefühle vorher im Raum waren. Ist es zwischendurch laut geworden, flossen Tränen? War mein Vater sauer auf seinen dickköpfigen Vater? Oder in dem Moment viel zu schwach, um sich ärgern zu können? Vielleicht im Gegenteil sogar insgeheim froh, dass Haus und Hof nicht einfach hergegeben werden sollten? Hat der viel zitierte Satz von Willy in dem Moment noch gar keinen Entschluss zum Ausdruck gebracht, sondern alles in der Schwebe gehalten? Mein Vater war nie besonders entscheidungsfreudig, vielleicht hatte er das ja von ihm. Dieser Großvater Willy besitzt für mich ohnehin keine Kontur. Jahrzehntelang hing sein Porträt bei meinen Eltern an der Wand, da schaute er wenig freundlich in die Kamera und sah ein bisschen aus wie Adolf Hitler. Strenger Seitenscheitel, Schnauzbart und die Haare an den Seiten abrasiert. Ich mochte nie hingucken. Aber so haben die Männer damals eben ausgesehen, und dass er ein strammer Nazi gewesen sei, ist nicht überliefert. Gleichwohl war er in Grunow seinerzeit der wichtigste Mann, deshalb wird seine Entscheidung zu bleiben oder auch sein Nichthandeln vermutlich andere beeinflusst haben. Er wurde von allen nur »der Krieger« genannt, gemeint war nach der dort üblichen Aussprache ein Krüger, ein Gastwirt also. In seiner Schankstube trafen sich die Männer des Dorfes, hierhin kamen aber auch alle, die Hilfe beim Ausfüllen von Papieren brauchten, weil er der Einzige in Grunow mit einer höheren Schulbildung war. Zum besagten Zeitpunkt war der Saal allerdings bereits mit Stroh ausgestreut, weil hier nachts die erschöpften Flüchtlinge schliefen. Willy war das Oberhaupt einer Familie, die ihren beträchtlichen Wohlstand nicht mit der Kneipe und der Poststelle im Haus erwirtschaftete, sondern mit Landwirtschaft auf einer Fläche, die man an einem Tag nicht zu Fuß ablaufen kann. Seinen einzigen Sohn schickte er zu einer Privatlehrerin. Trotzdem kein Großgrundbesitzer, gewiss nicht, vor allem auch hinsichtlich des Lebensstils, der frei von Luxus gewesen sein muss, wenn man mal vom Sonntagsbraten absieht. Sein einziger Sohn, mein Vater, der eines Tages alles erben sollte, ist in einer versunkenen Welt aufgewachsen, deren Horizont kaum weiter reichte als drei Nachbardörfer. Dahinter gab es keine Welt mehr, die man aus eigener Anschauung kannte. Das Gespräch in der Dorfkneipe war die Tagesschau. Für ihn war es die Idylle der Kindheit, die Kulisse für unglaubliche, aber wahre Lausbubengeschichten, die er hin und wieder gern erzählt hat, aber wir Heutigen können uns ein solches Leben gar nicht mehr vorstellen. Dabei haben noch vor einem Menschenleben fast alle so gelebt. Wenn es stimmt, dass das Leben zwar vorwärts gelebt werden muss, aber nur rückwärts verstanden werden kann, wie Sören Kierkegaard es formuliert hat, man also mitten im Getümmel der Gegenwart schnell den Durchblick verliert und die langen Linien übersieht, dann ist dies vielleicht ein Anhaltspunkt, um zu verstehen, welchen Epochenbruch wir gerade erleben. Der Blick zurück vermag ein Gefühl dafür zu geben, wie sich Lebensumstände innerhalb einer Generation vollkommen umstülpen können und auch danach ständig weiter beschleunigen. Mein Vater ist noch mit der Mahnung aufgewachsen, dass man sich die eigene Partnerin nicht im gleichen Dorf suchen darf, wir heute sind damit konfrontiert, auf einem Planeten zu leben, der ein einziges *global village* geworden ist. Die einstmals langen Wege sind viel kürzer geworden, was sich Tausende Kilometer entfernt ereignet, kann unser Leben hier beeinflussen. Jeder Winkel dieser Welt wird medial ausgeleuchtet, sofern das, was dort geschieht, für uns interessant oder bedrohlich sein könnte. Aber was wir mit diesem Wissen anfangen können, vor allem mit dem Dauerstrom schlechter Nachrichten, wie wir uns vor Lähmung schützen können, ist vollkommen ungeklärt. All dies beginnen wir gewissermaßen als erste Versuchsgeneration mühsam zu lernen. Zu dem Prozess, den wir heute Globalisierung nennen, gehört auch das Gefühl, als Subjekt in einer zusammengeschrumpften Welt keinen Einfluss mehr ausüben zu können. Eine verkleinerte Welt verkleinert auch die Wirkungsmacht von Individuen. Das dürfte ein wichtiger Grund sein, warum sich heute viele als ohnmächtig beschreiben. Keine Gesellschaft zuvor hatte mit diesem Problem zu tun. Aber inzwischen begreifen wir, dass Dauererregungen durch wahre oder falsche Nachrichten gefährliche Quellen von Instabilität sind.

Jedenfalls war der Krieg, der am Ende alles zerstören sollte, für meinen Vater lange Zeit weit weg. Nazideutschland hat die halbe Welt in Brand gesteckt, nur im eigenen Land herrschte lange behagliche Ruhe. Das änderte sich für meinen Vater erst, als er mit siebzehn Jahren Anfang 1944 zum Reichsarbeitsdienst eingezogen wurde. Zu diesem Zeitpunkt hieß das bereits, dass er auf den Einsatz an der Front vorbereitet werden sollte. Die Wehrmacht war längst überfordert damit, die militärische Grundausbildung der künftigen Frontsoldaten zu leisten, und hatte sie daher an diese NS-Organisation abgetreten. Mein Vater hat immer spöttisch über diese Monate gesprochen, in denen er zum ersten Mal ein Gewehr in die Hand gedrückt bekam. Denn als es für ihn später tatsächlich um Leben und Tod ging, an der Front im Baltikum, im Spätsommer 1944, erwies sich das Gelernte als unbrauchbar. In Lettland angekommen, geriet er in seiner Truppe an einen deutlich älteren Sachsen, den er stets ehrfurchtsvoll als eine Art Lehrmeister des Krieges beschrieben hat. Er muss ihm eine Blitzlektion aus zwei wesentlichen Punkten erteilt haben. Erstens: Rauchen hilft gegen Todesangst. Zweitens: Schnalle unbedingt den Gurt vom Stahlhelm am Hals auf, damit der Helm fliegen kann. Auch wenn das gegen die Vorschrift ist. Sonst bist du bei einem Treffer sofort tot.

Ob er selber getötet hat? Wir sind darauf in der dunklen Höhle zu sprechen gekommen. Er selbst hat die Frage formuliert, wollte auspacken, was in seinem Gedächtnis lange abgelagert war. Ich lag im Schützengraben, begann er, war wohl einen Moment unachtsam, und dann sah ich ganz in der Nähe einen Schatten. Ich habe im Reflex mein Gewehr hochgerissen und sofort geschossen. Danach war nichts mehr, Ruhe. Also eher ja? Ich weiß es nicht, vielleicht war alles auch nur eine Fantasie. Sein gequältes Gesicht, wie eingefroren. Das Gefährlichste im Graben war, wenn man eingenickt ist, fuhr er fort. Wir waren ja alle immerzu todmüde. Einmal bin ich aufgewacht, und dann fehlte der Kamerad neben mir. Ich habe mich verwirrt umgeschaut. Teile seines Körpers hingen oben im Baum. Und ich habe währenddessen geschlafen. Das sind Bilder, die vergisst du nicht.

Mit wenigen Worten das Grauen beschreiben. Nichts beschönigen, aber auch nichts unnötig ausmalen. Keine Story daraus machen. Das war seine Erzählhaltung in diesen Tagen. Und ganz viel Stille dazwischen. Gut, dass es draußen dunkel war. Während er berichtete, schaute ich vom hohen Krankenhaus-Stockwerk aus durchs Fenster auf die Lichter der Großstadt. Oft bekam ich beim Zuhören eine Gänsehaut. Aber keine, die unbehaglich gewesen wäre, kein Frösteln, sondern eine Gänsehaut, als ob mein Körper sagen wollte: Erzähl weiter, ich fühle mich wohl mit dir. Es ist zwar schrecklich, was du sagst, aber dieses Sprechen schafft Nähe, weil du mir etwas anvertraust.

Irgendwann muss dann im September 1944 der hektische Befehl zum Rückzug gekommen sein. Die estnische Front wurde aufgegeben, den Soldaten stand nun ein mehrere Hundert Kilometer langer Gewaltmarsch Richtung Riga bevor. Mein Vater verlor in diesen Strapazen jegliches Zeitgefühl und konnte sich auch an keinen einzigen Ort mehr erinnern, den sie passiert hatten. Du wirst nicht wissen, sagte er zu mir, dass man im Gehen schlafen kann. Und auch pinkeln, wir haben es einfach laufen lassen. Immer mussten wir weitermarschieren. Einmal kamen wir an einem Tümpel vorbei und durften kurz haltmachen, um zu trinken. Alle lagen ringsherum auf dem Bauch und schöpften trübes Wasser. Allmählich senkte sich der Wasserspiegel, und dann kam zum Vorschein, was mitten im Tümpel lag, der Kadaver eines toten Pferdes. Ich konnte es kaum glauben, was ich da hörte, das klang wie eine eklige Episode aus der »Blechtrommel« von Günter Grass, so barock wie bizarr, aber mein Vater war keiner, der sich Geschichten einfach ausdachte.

Und dann die Verwundung auf einem unbekannten Acker in Lettland, den er später nie wiedergefunden hätte. Um Haaresbreite, und er wäre tot gewesen. Als einzige Erinnerung an den Moment, als er getroffen wurde, blieb ihm ein sehr angenehmes, warmes Gefühl. Wenn er gestorben wäre, dann nicht nur ohne Schmerzen, sondern im Gegenteil in einem Zustand der Euphorie. Sein Körper muss geflutet gewesen sein mit einer hohen Dosis Adrenalin. Auch damals war er also schon weit hinausgeschwommen. Unmittelbar danach muss er das Bewusstsein verloren haben. Mehr gab sein Gedächtnis jedenfalls nicht her. Aber dann ein Erwachen, das wiederum Bilder bot, die er nie vergessen konnte. Er fand sich auf dem Hauptverbandsplatz wieder, wo mit ihm zahllose andere Verwundete lagen. Sein erster Blick fiel auf Sanitäter, die gerade an ihm vorbeiliefen. In beiden Händen schleppten sie große Eimer, die mit noch blutenden Armen und Beinen gefüllt waren. Spätestens jetzt muss seine Kindheit beendet gewesen sein.

*

Die vergangene Nacht war nicht gut, meine Mutter berichtet zum ersten Mal von schlimmen Schmerzen. Ich möchte mehr darüber wissen und frage sie, ob das Schmerzen zum Schreien gewesen wären. Nein, zum Jammern. Ich habe auf der Bettkante gesessen und wusste mir nicht zu helfen. Sie sieht übernächtigt aus, fasst sich mit der linken Hand immer wieder an die rechte Seite des Bauchs und schickt mich schließlich in die Apotheke, um ein Rezept einzulösen, das die Ärztin vorher zur Sicherheit dagelassen hatte. Tilidin heißt das neue

Präparat. Bevor ich wieder zu ihr hochgehe, lese ich auf dem Beipackzettel von einer Kombination aus einem stark wirksamen Schmerzmittel aus der Gruppe der Opioide und einem Opioid-Antagonisten. Das sagt mir nichts, also fahre ich lieber noch ein zweites Mal in die Apotheke. Dort versichert man mir, dass dieses Medikament schnell helfen werde, damit sei aber das Ende der Fahnenstange, was erfolgreiche Schmerzbekämpfung angeht, noch längst nicht erreicht. Die Apothekerin versucht, Gelassenheit zu vermitteln. Trotzdem macht sich in mir das Gefühl breit, dass ein neuer, unangenehmerer Abschnitt beginnt. Der Sommer ist lange vorbei, jetzt ist es schon Anfang November.

Oben empfängt mich meine Mutter mit den Worten, dass sie nicht wisse, ob das in diesem Jahr mit der Weihnachtsente etwas werde. Ich erschrecke innerlich. Das muss in ihr gearbeitet haben, während ich weg war. Die nächtlichen Schmerzen haben Spuren hinterlassen. Ist die Ente eine Metapher, um uns zu vermitteln, dass sie beginnt, sich mit ihrem Tod auseinanderzusetzen? Zum Glück stellt sich bald schon heraus, dass sie doch nicht damit rechnet, sehr kurzfristig zu sterben, sondern sich nur nicht mehr zutraut, den Braten selber zuzubereiten. Dann musst du das eben machen, ruft sie mir verschmitzt zu. Und es schwingt deutlich mit, dass sie fest vorhat, mit am

Tisch zu sitzen. Langsam findet sie zurück in die Behaglichkeit des Erzählens.

Wobei der Inhalt unseres heutigen Gesprächs wieder mal ziemlich unbehaglich ist. So eine Kindheit, wie ich sie hatte, beginnt sie, möchte ich nicht noch einmal erleben. Immer gab es eine Störung. Jetzt ist also die Zeit dran, als sie noch nicht kriegsbedingt von einer Aufregung in die nächste geraten ist, diesmal geht es um den täglichen Kleinkrieg zu Hause. Ich musste bei uns am Tisch immer alles abräumen, damit es keine Scherben gab. Vater war so jähzornig, oft sind die Teller durch die Luft geflogen. Und meine Mutter konnte gar nichts, ich musste mir meine Vorbilder woanders suchen. Der letzte Satz ist überraschend verächtlich gesprochen. Oft habe sie sich zu ihrer Oma nach oben geflüchtet, die im gleichen Haus wohnte, wenn die Eltern wieder handgreiflich wurden. Du bist ein armes Kind, du hast es sehr schwer, hat die Oma Emmi sie getröstet. Und sie wollte dann gar nicht zurück nach unten. Erstaunlich, wie ungeschminkt sie jetzt über ihr Elternhaus spricht, das hätte sie früher nie getan, hat immer versucht, solange meine Großeltern noch lebten, die Rolle der loyalen Tochter zu spielen. Aber das Lebensende kennt anscheinend auch keine falsche Rücksicht mehr, sie gestattet es sich selbst, radikal zu sein. Die eigene Familiengeschichte schönschreiben wollen, das ist jetzt auch bei ihr vorbei. Aber ein wenig ist sie dann doch über das Gesagte erschrocken, denn nun beginnt sie, ihren jähzornigen Vater in Schutz zu nehmen. Er konnte nichts dafür, sagt sie, seine Frau habe ihn zur Weißglut getrieben mit ihren vielen vorgetäuschten Herzattacken. Das war ihr Versuch, immer im Mittelpunkt zu stehen. Die konnte gar nichts, wiederholt sie. Ihr später Zorn ist deutlich ungleich verteilt. Ihn beschreibt sie als warmherzig, aber hilflos, sie als nervig und permanent streitsüchtig. Ich erlebe gerade den seltenen Fall, dass ein Kind im Nachhinein eher zum Stiefvater hält als zur leiblichen Mutter. Mein Opa war nämlich nicht ihr Vater.

So wie man es sich heute nicht mehr vorstellen kann, dass ein Strich auf dem Schulhof die Konfessionen trennt, so seltsam wirkt der verklemmte Umgang mit dem Thema uneheliche Geburt als dunkles Familiengeheimnis, das hartnäckig beschwiegen werden muss. Obwohl so etwas auch damals ständig vorkam. Dass mein Opa Bruno nicht mein leiblicher Großvater war, hat er mir spät auf kuriose Weise gebeichtet. Damals stand seine goldene Hochzeit mit der hysterischen Clara bevor, und er nahm mich diskret beiseite, weil er nicht zu spät kommen wollte, er wollte, dass ich es von ihm erfahre, bevor die Blamage offensichtlich wird. Aus seiner Sicht handelte er in allerletzter Minute. Ich hätte doch sicher mal nachgerechnet und gemerkt, dass da was nicht stimmt, begann er kleinlaut und ließ den Rest der unangenehmen Wahrheit in der Luft hängen. Ich war Anfang zwanzig, lebte in einer Wohngemeinschaft und war mit weitaus lockereren Beziehungsformen vertraut. Erst allmählich verstand ich sein Problem. Meine Mutter war bereits fünf, als die Hochzeit von Bruno und Clara stattfand, aber nie im Leben wäre ich auf die Idee gekommen, solche Jubiläen kritisch zu prüfen. So ändern sich mit den Zeiten auch die Moralvorstellungen. Bruno hat bei der Goldhochzeit damals nicht geahnt, dass er die Chance hatte, sein Geheimnis sogar mit ins Grab zu nehmen, denn bis zu diesem Zeitpunkt hatte auch meine Mutter mir gegenüber ihre Herkunft verschwiegen. Aber nun war das Thema plötzlich in der Welt, wobei die ersten Gespräche mit ihr darüber auch rasch wieder versandeten, weil sie mauerte und ich es noch gar nicht so genau wissen wollte. Ich war zu jung, um die Bedeutung von Kindheitsmustern zu verstehen. Und natürlich viel mehr mit mir selbst beschäftigt als mit ihr.

Ich war vierzehn, fährt sie fort, als ich von ihnen die Wahrheit erfahren habe. Aber sie haben so beiläufig davon geredet, dass für mich klar war: Nachfragen sind nicht erwünscht. Geahnt habe ich es immer, denn bis ich fünf war, musste ich meinen Stiefvater immer Onkel nennen. Aber mit der Hochzeit 1935 wurde dann aus dem Onkel offiziell der Vater. Meine Mutter sagt es, als ob sie sich nachträglich darüber amüsiert. Plötzlich fällt ihr eine Strophe aus einem alten kölschen Karnevalslied wieder ein: »Isch han ene neue Papp!« Ihr Gedächtnis schlägt Kapriolen, sie freut sich darüber und grinst. Warum mir das jetzt ausgerechnet in den Sinn kommt. Ich hatte das Lied völlig vergessen, wird ja auch im Karneval nicht mehr gesungen. Dann stimmt sie es leise an, kriegt den Text aber nicht mehr zusammen und gibt nach der einen Strophe auf. Mir fällt ein, dass sie ihren Mann jahrzehntelang und bis zuletzt immer Väterchen genannt hat. Fast immer zärtlich gesprochen, ohne jede Ironie. Väterchen, wie geht es dir? Ich fand es schrecklich, es tat mir in den Ohren weh, aber jetzt verstehe ich die Tiefendimension besser. Ein Leben lang war sie auf der Suche nach dem echten Vater, letztlich vergeblich.

Immerhin muss es ihr irgendwann gelungen sein, ihrer Mutter seinen Namen zu entlocken, dazu ein paar dürre Fakten. Otto Müller hieß er, er muss eine Zeit lang als Ingenieur bei Humboldt in Köln-Kalk gearbeitet haben, einem Hersteller von Lokomotiven, bevor er im Zuge der Weltwirtschaftskrise nach dem Schwarzen Freitag 1929 seine Arbeit verlor und sich danach als Straßenhändler mit dem Verkauf von gebrannten Mandeln durchschlug. Im Kopf rechne ich rückwärts: Geboren wurde meine Mutter im Januar 1930. Legt man eine normal verlaufende Schwangerschaft zugrunde, würde das bedeuten, dass sie im Frühling 1929 gezeugt wurde. Wenn die Geschichte so stimmt, dann hat meine Oma ihr Techtelmechtel mit Otto begonnen, als der noch eine respektable soziale Stellung hatte. Denn als der Börsenkrach in New York ausbrach, Ende Oktober 1929, war sie bereits mit meiner Mutter schwanger, so etwa im siebten Monat. Hat Otto schon prekär gelebt, als sie bald darauf auf die Welt kam? Wollte meine Oma keinen Straßenhändler und hat deshalb die geplante Hochzeit platzen lassen? Viel später, als sie selber schon erwachsen war, sollte meine Mutter erst erfahren, dass Ottos Mutter das Hochzeitskleid für Clara bereits fertig genäht hatte, die Familiengründung schien also zunächst ausgemacht gewesen zu sein. Gewiss eine starke symbolische Geste von einer Schwiegermutter, um ihr Einverständnis auszudrücken. Meine Mutter weiß es von Ottos Mutter. Denn kurz nach der Hochzeit mit meinem Vater, fünf Jahre nach Kriegsende, ging meine Mutter auf die Suche nach diesem Otto Müller, und mein Vater sollte ihr dabei helfen. Er muss verstanden haben, wie schmerzhaft für sie die offene Wunde war, fast nichts über den leiblichen Vater zu wissen, dass sie offenbar eine Antwort brauchte, damit sie als junge Frau nicht nur ständig zurückschauen musste, sondern nach vorne leben konnte. Erst waren sie in Düsseldorf bei Ottos Mutter und erfuhren dort, dass Otto inzwischen in Hagen lebte. Also sind sie gemeinsam dorthin. Wir haben lange vor dem Haus gestanden und überlegt, was wir sagen sollen, falls einer aufmacht, erzählt sie jetzt. Ich hatte Herzklopfen. Dann hat Väterchen geklingelt. Er wollte zu einer Notlüge greifen. Einfach behaupten, dass er Otto aus der Kriegsgefangenschaft kennt. Die Frau von Otto hat geöffnet, aber er selbst war nicht da. Mehr haben wir uns nicht getraut. Danach habe ich es aufgegeben. Noch ein Achselzucken, dann schweigt sie. Die geschilderte Szenerie will nicht in meinen Kopf. Hatte mein Vater tatsächlich vor, Ottos Frau diesen Bären aufzubinden? Das hätte gar nicht zu ihm gepasst und wäre sicher rasch aufgeflogen. Kein Talent zum Lügen, eher zum Verschweigen. Und meine Mutter sollte passiv danebenstehen und unauffällig ihren leiblichen Vater taxieren? Oder sollte irgendwann die Katze doch noch aus dem Sack? Ach, übrigens, ich bin Ihre Tochter ... Nichts davon passt in das heutige Bild meiner Eltern, die ich tausendfach beim akribischen Planen beobachtet habe, aber fast nie beim Improvisieren. Doch vielleicht waren die beiden ja früher ganz anders. Meine Gedanken hängen am Geheimnis erfolgreicher Verdrängung. Wie kann es sein, dass ein dramatischer Konflikt im Inneren erst lange schwelt, dann plötzlich zur Klärung strebt, um anschließend für fast siebzig

Jahre wieder fest versiegelt zu werden? Und doch trägt dieser Weg nicht bis zum Ende. Das Phantom namens Otto drängt sich mit Macht wieder nach vorn. Meine Mutter ist doch noch nicht fertig mit dieser Geschichte, schiebt einen unglaublichen Satz hinterher: Ich komme eher auf ihn als auf meine Mutter. Seine feinen Hände und seine innere Ruhe! Sie spricht jetzt ein wenig verträumt, streckt alle zehn Finger aus und schaut darauf. Dabei kann sie diese vermeintlichen Eigenschaften von Otto doch nur vom Hörensagen kennen, denke ich, also alles reine Projektion. Offenkundig dient die Identifikation mit dem leiblichen Vater dazu, sich gleichzeitig von ihrer Mutter zu distanzieren. Ich habe ihn zweimal gesehen, fährt sie überraschenderweise fort, aber da war ich noch klein. Das erste Mal bei uns zu Hause. Mein Vater hat nach mir gesucht. Er hat bei uns geklingelt, Oma hat ihn reingelassen, und dann haben die beiden zusammen Kaffee getrunken. Ich saß daneben. Worüber geredet wurde, weiß meine Mutter begreiflicherweise nicht mehr. Auch hier betrete ich beim Zuhören wieder einen emotional toten Raum, es fehlt in der Schilderung die Atmosphäre. Wie so oft bei den Erzählungen meiner Eltern erfahre ich zwar im Groben, was passiert ist, aber nicht, wie es den Beteiligten in diesem Moment ging. Vielleicht hat es ihrer ganzen Generation genau daran gefehlt, sie konnte keine angemessene Sprache der Gefühle entwickeln. Und nun ist es dafür wohl zu spät. Hinterher habe ich erfahren, bringt sie die Episode zum Abschluss, dass meine Mutter Otto schon an der Straßenbahnhaltestelle gesehen hatte. Sie hat sich vor ihm im Wartehäuschen versteckt und ist nicht nach Hause gekommen, um ihm nicht begegnen zu müssen. Das zweite Treffen war eine traurige Zufallsbegegnung in der Stadt. Sie war mit ihrer Mutter unterwegs, und die beiden kamen an Ottos Stand mit den gebrannten Mandeln vorbei. Otto hat nach mir gerufen, wollte, dass ich zu ihm komme, aber meine Mutter hat mich an die Hand genommen und weggezogen. Wieder spüre ich den späten Zorn, der bei ihr ins Leere läuft. Erst hat er sie gesucht, dann hat sie ihn gesucht, und eine hat immer dazwischen gestanden, ihre Mutter. Das ist der Kern der Geschichte, wenn er denn so stimmt, den sie immerzu umkreist, ohne Antworten finden zu können, warum sie ihren Vater nicht kennen durfte. Und erst recht nicht, welches Leben sie im gegenteiligen Fall geführt hätte. Ob überhaupt irgendetwas entscheidend anders gewesen wäre. So bleibt ihr nur die Idealisierung eines Menschen, auf den sie das richtet, was sie an sich selbst mag. Warum dieser Kraftakt der Erinnerung? Warum öffnet sich diese Schleuse so kurz vor ihrem Ende, frage ich mich ein weiteres Mal. Ändern lässt sich jetzt nichts mehr, die große Versöhnung zum Finale fällt auch aus, aber vielleicht gehört es ja zur besonderen Fruchtbarkeit dieses letzten Abschnittes, dass mit einem Mal klar hervortritt, was im eigenen Leben wirklich wichtig gewesen ist. Obwohl es vorher so lange verschüttet war. Die große Bilanzballade wird angestimmt, der Blick richtet sich auf die entscheidenden Abzweige, an denen man links abgebogen ist, aber genauso gut hätte rechts gehen können. Es gibt da einen Gedanken, der ins Reich des Absurden führt: Sind es mitunter nur ein paar Sekunden, die über den weiteren Lebensweg entscheiden? Wen man getroffen oder gerade so verpasst hat? Führt der Zufall heimlich darüber Regie, mit wem wir unser Leben verbringen, woran wir glauben, was wir für unser eigenes Ich halten?

*

Dein Gedächtnis ist mein Haus. Ich weiß nicht mehr, bei welcher Lektüre mir dieser Satz ins Auge gesprungen ist. Aber er trifft es ziemlich gut, was mich gerade bewegt. Wir werden in Erzählgemeinschaften hineingeboren, die Geschichten sind immer schon da, manche werden so oft wiederholt, dass man sie gar nicht mehr ertragen mag. Wir hören sie, sie spinnen uns allmählich hinein in einen Kokon. Geteilte Erinnerungen beheimaten uns. Wir erfahren, wie wir angeblich gewesen sein sollen, als wir klein waren. Überhaupt lernen Kinder durch Erzählungen ihrer Eltern, sich als ein Subjekt zu sehen, das Beachtung verdient. In den Geschichten, die mit »Weißt du noch« beginnen, sind wir keine Statisten. Deshalb ist es auch so schmerzlich, wenn die Aufmerksamkeit der Eltern für Geschwisterkinder ungerecht verteilt ist. Ich bin in dieser Hinsicht immer bevorzugt worden, wohl weil ich der einzige Junge war, was mir schon lange peinlich ist. Wie oft wäre ich am liebsten unter den Tisch gekrochen, wenn ich wieder mal mit einer Anekdote in den Mittelpunkt gerückt wurde. Redet nicht von mir, redet von meinen Schwestern, habe ich oft gedacht und ab und zu auch ausgesprochen, freilich ohne die Hoffnung, etwas ändern zu können. Jede Familie hat ihre eigene Kultur des Sprechens und Schweigens. Jede Familie versucht den erzählerischen Brückenschlag zwischen den Generationen. Jede Familie entwickelt ein feines Gespür dafür, welche Geheimnisse bewahrt werden sollen. Oft muss das gar nicht explizit vereinbart werden. Dein Gedächtnis ist mein Haus. Diesen Satz könnte ich jetzt zu meiner Mutter sagen. Und müsste zugleich den zwangsläufigen Satz danach hinunterschlucken: Dieses Haus, in dem ich mich nicht immer wohlgefühlt habe, wird sehr bald einstürzen. Alles, was du jetzt nicht sagst, wird nie mehr ausgesprochen werden, alles, was du früher gesagt hast, droht für immer vergessen zu werden. Oder gefriert zu Sätzen, die zwar weitererzählt, aber ohne die dazugehörige Atmosphäre nicht wirklich verstanden werden können. So wie der vieldeutige Satz meines Großvaters aus dem Osten von der Heimat, die verloren sei, sobald man das Dorf verlasse.

Sie berichtet von der ersten Nacht mit dem neuen Schmerzmittel. Nach einer halben Stunde habe es schon gewirkt, und sie sei eingeschlafen, ohne in der Nacht noch einmal aufzuwachen. Ihre Freude über dieses unverhoffte Geschenk! Jetzt zählt wirklich nur noch das Elementare. Nur ein bisschen schwindelig sei ihr heute früh. Wir sitzen uns diesmal in der engen Küche gegenüber. Der grüne Sessel im Wohnzimmer muss warten bis zum Nachmittag. Das sind ihre täglichen Routinen, die ihr Sicherheit geben. Dreimal am Tag klingelt das Rote Kreuz zum Blutzuckermessen. Morgens die harte Bank in der Küche, nachmittags der bequemere Sessel. Dazwischen, wenn es irgend geht, die Treppe runter und ein paar Hundert Meter laufen auf Krücken, fast bis zur Erschöpfung, und ein zweistündiger Mittagsschlaf. Ich bin jetzt immer müde, wiederholt sie täglich. Oft fährt sie sich mit beiden Händen über die geschlossenen Augen. Meist hat sie zwar ein aufgeschlagenes Buch vor sich liegen, schaut aber nur noch in Gedanken versunken geradeaus. Ob sie in dieser

Zeit vorsortiert, was sie mir beim nächsten Mal erzählen will?

Heute fühlt sie sich stark genug, um mit mir den Friedhof zu besuchen. Ich müsste mal wieder gehen, sagt sie schon seit Tagen. Jedes Mal mit einem Gesichtsausdruck, in dem mehr als nur eine Spur von Furcht zu lesen ist. Sie mag diesen Ort nicht, alleine kriegen sie keine zehn Pferde dorthin, sie meint aber trotzdem, ab und zu meinem Vater einen Besuch schuldig zu sein. Das gehört für sie anscheinend auch zu den späten ehelichen Pflichten, obwohl sie sicher ist, dass er davon nichts mitkriegt, weil sie nicht an ein Leben nach dem Tod glaubt. Wir sollten uns lieber an die Wissenschaft halten und nicht an die Religion, hat sie erst kürzlich gesagt, und sie wird wohl kaum noch zum Ende hin fromm werden. Also zwingt sie sich ab und zu dorthin, stets in Begleitung, niemals allein. Ich müsste mal wieder gehen, heißt bei ihr immer: Nimm mich bitte mit, alleine traue ich mir das nicht zu. Auch bei der Auswahl des Grabsteins mochte sie zuletzt nicht mehr mitreden, obwohl oder gerade auch weil sie ja weiß, dass der Stein bald auch an sie erinnern wird. Schließlich haben wir uns nach Vaters Tod gemeinsam für ein Doppelgrab entschieden, sie selbst hat diesen Platz ausgewählt, den sie jetzt am liebsten meiden möchte. Aber noch steht der Stein nicht, noch schauen wir am Grab auf das helle Holzkreuz, das bei der Beerdigung meines Vaters provisorisch gesetzt worden ist. Wir haben dem Steinmetz gegenüber angedeutet, dass meine Mutter schwer krank ist. Er hat den Wink sofort verstanden, seitdem lässt er sich viel Zeit mit seiner Arbeit.

Ihre Furcht ist nur allzu verständlich. Ein merkwürdiges Gefühl muss das für sie sein, hier zu stehen in dem Wissen, dass man an diesem Ort in anderthalb Metern Tiefe irgendwann von Insekten zerfressen wird. Ich bemerke jedenfalls, dass sich bei mir auf dem Friedhof solche unerwünschten profanen Gedanken einstellen, die sich nur schwer wieder verscheuchen lassen, und bin mir sicher, dass es anderen auch so geht. Man steht da, schaut von oben hinab, möchte durch die Erde hindurchsehen wie durch eine Glasplatte und entwickelt eine morbide Fantasie dafür, was dort unten gerade geschieht. Memento mori. Bedenke, dass du sterben wirst. Sich selbst in der Zukunft vorstellen als dahinmodernden Leichnam. Das wäre mal eine Aufgabe, wird aber wohl als geistige Übung nicht gelingen, selbst wenn man es wollte. Wieder sind es immer nur die anderen, die irgendwann verwesen müssen. Für die eigene Vergänglichkeit steht traditionell und weitaus harmloser auf Gemälden das umgekippte Weinglas oder der faulende Apfel.

Um zu Vaters Grab zu kommen, müssen wir

den halben Friedhof durchqueren. Immer wieder macht meine Mutter halt und zeigt mit einer Krücke auf einen eingravierten Namen, zu der ihr eine Geschichte von früher einfällt. Jeder Totenbesuch ist für sie eine Reise in die Vergangenheit, hier bekommt sie ein Gefühl dafür, dass sie in ihrem hohen Alter inzwischen zu den wenigen Übriggebliebenen gehört. Heute gilt ihr besonderes Interesse einer vor langer Zeit verstorbenen Klassenkameradin aus der Volksschule. Sie war meine beste Freundin, flüstert sie fast, aber irgendwann bekam sie die Kinderlähmung und hatte ein sehr schweres Leben. Ich habe mich nicht um sie gekümmert, ich weiß nicht, warum. Ihr Gesicht dazu ratlos, wehmütig, sogar reuevoll. Sie hat jemanden im Stich gelassen und spürt so spät noch die Lücke. Sie stellt sich selbst laut die Frage, warum sie diese und andere Freundschaften nicht gepflegt hat, und findet keine Antwort. Offenbar registriert sie, dass man sich beim Bilanzieren auch selbst fremd werden kann. Die Sackgassen im Leben klarer sieht. Am Lebensentwurf meiner Eltern habe ich nie verstanden, warum sie beide meinten, ohne intime Freundschaften auskommen zu können. Wir waren uns selbst genug, erklärt sie jetzt, immer auf den anderen fixiert, aber zweifellos spürt sie gerade, wie hoch der Preis des Schweigens ist, wenn es abseits des Partners kein Gegenüber für das vertrauliche Gespräch gegeben hat. So viel allein mit sich selbst ausgemacht. Auch das vermutlich eine Spätfolge der Schule der Härte. Denn viele aus dieser Generation sind wenig vertraut mit dem Wert intimer Freundschaften. Und jetzt ist sie plötzlich so weich und spricht auch die unangenehmen Dinge an, ohne dass ich bohren müsste. Sie lässt mich staunen, sie gefällt mir richtig gut.

Dann endlich stehen wir vor seinem Grab. Im Sommer sah es hier noch aus wie in einem kleinen, wilden Bauerngarten, aber jetzt lassen die Blüten längst die Köpfe hängen. Von der Beerdigung vor einem guten Jahr ist noch ein Kranz seiner Schwester übrig geblieben, der nur langsam zerfällt. Sie hatte bewusst etwas ausgesucht, was nicht gleich dem ersten Frost zum Opfer fällt, ein braunes Gebinde aus Zweigen und Tannenzapfen. Im ersten Moment hatte mich dieser Kranz schockiert, weil er so gar nichts Lebendiges hatte, nur nach Tod aussah, aber bald schon sollte er sich als glückliche Fügung erweisen. Im Frühsommer bemerkten wir nämlich, dass dieser Kranz eine perfekte Tarnung für eine Erdkröte war, die dort ihr Quartier genommen und Nachwuchs bekommen hatte. Verborgen zwischen den Zapfen zwei kleine Kröten, die bald darauf vorsichtige Ausflüge unternahmen, dabei aber die Grenzen des Grabes als den für sie erlaubten Radius zu akzeptieren schienen. Danach sprangen sie im hohen

Bogen heim und suchten wieder Schutz bei der Alten unter dem Kranz. Bei jedem Besuch konnte ich die drei beobachten, war manchmal lange vertieft in den Anblick und vergaß darüber die Zeit. So merkwürdig es klingt: Ausgerechnet dieser Kröten-Kleinfamilie habe ich viel zu verdanken. Dieses neue, springlebendige Leben besiegte vorübergehend die Überpräsenz des Todes. Die Kröten haben den Friedhof, den ich vorher als Ort der Verrücktheit betrachtet hatte, für mich zu einem guten Ort gemacht. Seitdem es sie gab, existierte ein Grund, ihn mit einer gewissen Vorfreude aufzusuchen. Jedes Mal auch mit einem Bangen, ob sie wohl noch da wären. Manchmal war ich mir gar nicht sicher, ob ich insgeheim ihretwegen oder doch wegen meines Vaters gekommen war. War er nur der Vorwand, um die Chance wahrzunehmen, das Gute im Kleinen zu finden? Die Kröten waren über Monate auch Gesprächsgegenstand in unserer Familie. Meine Mutter freute sich überschwänglich, dass sie sich gerade diesen Platz ausgesucht hatten. Verrückt, rief sie immer wieder, ist ja irre. Und wir alle waren uns einig, dass dieses Ereignis perfekt zu meinem Vater passte, der die Gabe gehabt hatte, die kleinsten Veränderungen in der Natur geduldig zu beobachten. Irgendwann, als es kälter zu werden begann, waren die Kröten weg, und ich mochte dann auch nicht mehr so oft kommen. Ich war traurig über den Verlust einer lieb gewonnenen täglichen Routine, mir blieb nur die vage Hoffnung, dass sie vielleicht im nächsten Jahr wiederkommen würden.

Sind denn die Kröten noch da, fragt meine Mutter jetzt. Sie beugt sich hinunter zu den Resten des braunen Kranzes. Ich muss sie daran erinnern, dass wir doch schon öfter darüber gesprochen haben, wo sie momentan wohl sein mögen, jedenfalls nicht mehr hier. Hoffentlich eingegraben in die Erde und nicht vom Reiher geholt. Offenbar sucht auch sie gerade nach Halt im Kleinen, aber den kann ich ihr nicht bieten. Dann entfährt ihr noch der altbekannte Satz aus den ersten Wochen nach dem Tod meines Vaters: Da hat der sich einfach da hingelegt. Eine Wortschleife als Halteseil, damit sie nicht stürzt. Und prompt wendet sie sich auch schon wieder ab, unverkennbar will sie schnell von hier weg. Keine ganze Minute hat sie vor dem Grab stehen können, sie sieht jetzt verwirrt aus. Dies ist auch heute kein Ort für sie, der ihr die Ruhe bringt, um einen klaren Gedanken zu fassen. Auf dem Rückweg über den Friedhof bleibt sie einsilbig. Mir fällt wieder ein, was geschehen war, als sie nach der Trauerfeier unter den Blicken der anderen allein vor dem heruntergelassenen Sarg gestanden hatte. Nachdem sie lange mit eingefrorener Miene hinunter in die Grube gestarrt hatte, wollte sie unvermittelt weg, aber es gelang ihr nicht. Sie schien für einen Moment, der sich quälend in die Länge zog und vermutlich nicht nur mich, sondern die ganze Trauergemeinde erschrecken ließ, vergessen zu haben, wie man einen Fuß vor den anderen setzt. In wenigen Sekunden ein ganzes Lebensjahr verloren, ein plötzlicher Altersschub, so kam es mir vor. Wir mussten sie stützen, damit sie das Laufen wieder lernte und vom offenen Grab wegkam.

*

Meine Tante ist die letzte Chronistin für das, was in der Familie und im Dorf meines Vaters geschehen ist, sie versucht, alles aufzuschreiben, benötigt dafür inzwischen aber schon Jahre, und es ist ungewiss, ob sie zu ihren Lebzeiten ein Ende finden wird. Denn häufig lässt sie die Blätter monatelang liegen, umschleicht die besonders schmerzhaften Ereignisse, bis sie doch noch die Kraft findet, sie aufs Papier zu bringen. Jeder ihrer Sätze ist Produkt eines inneren Ringens. Auch sie, die um ein paar Jahre jüngere Schwester, die den Einmarsch der Roten Armee in Grunow erlebt hat, als mein verwundeter Vater bereits aus dem nahe gelegenen Lazarett abtransportiert worden war, ist inzwischen hinfällig geworden, auch bei ihr drängen sich nun Erinnerungen nach vorn, die so viel Wucht besitzen, dass sie ihr immer wieder neuen Schmerz bereiten. Ich kann nur schreiben, wenn es mir einigermaßen geht, sagt sie nun, als wir bei ihr zu Besuch am Kaffeetisch sitzen, aber ich möchte das Kapitel für mich abschließen. Früh setzt sie mit diesem Satz das Zeichen, dass es an diesem Nachmittag ernst werden wird, uns allen ist sofort klar, dass die kommenden Stunden nicht verplaudert werden sollen. Wir haben uns seit der Beerdigung nicht gesehen und wollen die Gelegenheit nutzen, um konzentriert zu sprechen und die Mosaiksteine der Erinnerung zusammenzusetzen. Meine Mutter ist ebenfalls dabei, es ist vermutlich das letzte Mal, dass sie es, gestützt von meiner Schwester, die steile Treppe hinauf in das Haus meiner Tante geschafft hat. Vorhin hat mir meine Tante heimlich zugeflüstert, sie sei erschrocken darüber, wie alt meine Mutter geworden sei, kurioserweise hatte meine Mutter das Gleiche ein paar Minuten vorher über sie gesagt. Das sollte ich mir merken: Den Tod sehen die anderen womöglich eher kommen, schweigen darüber aber vornehm. So wie ich es ja auch gerade meiner Mutter gegenüber halte. Wenn der Tod nicht mehr weit ist, wird über einen geflüstert.

Ich frage meine Tante vorsichtig, ob ich denn vielleicht etwas lesen dürfe von dem, was sie notiert hat, oder ob das wie ein Tagebuch zu persönlich sei. Sie kramt daraufhin ein paar mit akkurater Handschrift geschriebene Seiten hervor, die vom Leben meines Vaters handeln. Dies ist der falsche Moment, eigentlich sollte ich mich dem Geschriebenen in Ruhe widmen, aber wird sie mir erlauben, den Stoß mit nach Hause zu nehmen? Ich kann jetzt nicht anders, muss sofort hineinschauen. Während die anderen sich am Tisch weiter unterhalten und ich nur noch mit einem Ohr zuhöre, beginne ich zu lesen: *Am Lichtmesstag 1926 wurde mein Bruder Artur geboren. Bis zu seinem zwölften Lebensjahr verlebte er die Kinderjahre wohlbehütet im Elternhaus.* Ich überfliege nur die Seiten, die die ungestörte Dorfidylle beschreiben, Geschichten vom stolzen Vater Willy, der miterlebt, wie ihn sein Sohn Artur zum ersten Mal mit einem Pferdegespann abholt. Eine Mutprobe muss das gewesen sein, denn es gab die Sorge, ob der halbwüchsige Artur den temperamentvollen jungen Rappen vor der Kutsche wohl gewachsen sein würde. Er muss geschwitzt haben vor Anspannung oben auf dem Bock beim Halten der Zügel, aber er hat die Herausforderung unter den kritischen Blicken seines Vaters gemeistert. Die Pferde waren Arturs ganzer Stolz, steht in den Papieren meiner Tante, es gebe darüber so einige Geschichten, aber viel mehr interessiert mich, was in der Zeit zwischen seiner Verwundung und der Ankunft im Westen geschehen ist. Das Geschriebene hilft mir, mir noch einmal zu vergegenwärtigen, worüber ich zuletzt mit meinem Vater vor Jahren in der dunklen Höhle gesprochen habe. Aber manches fehlt auch, merke ich jetzt. Zum Beispiel sein Abtransport vom zentralen Verbandsplatz in der Nähe der Front in Lettland, wo er beim Aufwachen die noch blutenden amputierten Körperteile in Eimern sah und wo es in der Hektik des Rückzugs nicht mehr gelang, ihm die Granatsplitter aus dem Knie zu entfernen. Er wurde auf ein Schiff verfrachtet, das ihn von Riga nach Danzig bringen sollte. Gemeinsam mit anderen Verwundeten lag er im dunklen Bauch des Schiffes und musste dort permanente Todesangst aushalten, hilflos zur Untätigkeit verdammt, über eine Zeitspanne, die sich für ihn nicht ermessen ließ, weil er nicht mal wusste, ob es draußen Tag oder Nacht war. Reglos lauschte er auf der Pritsche den nahen Einschlägen der Granaten. Als er davon erzählte, griff mein Vater zu einem Bild, um die bedrohliche Akustik in Worte zu fassen. Das klang für uns unten immer so, als ob oben an Deck ein Sack Erbsen ausgeschüttet würde. Es war grausam. Mein Vater war in seiner Wortwahl stets nüchtern, ich kannte ihn eher als Tiefstapler. Wenn er grausam sagte, dann musste es mehr als grausam gewesen sein.

Hilfreich dagegen, was ich von meiner Tante über die Zeit nach seiner Begegnung mit dem Vater zu lesen bekomme. Von Grünberg ging es für ihn Mitte Januar 1945 im Lazarettzug nach dreitägiger Fahrt bis nach Lemgo in Westfalen. Dort, im nächsten Lazarett, erlebte er auch das Kriegsende, das Gebiet wurde Anfang April 1945 von amerikanischen Truppen besetzt. Bis Anfang Mai erhielten die Verwundeten gute Verpflegung, schreibt meine Tante lobend über die Zustände unter der US-Besatzung, aber das habe sich schlagartig geändert, nachdem die Region der britischen Besatzungszone zugeschlagen wurde und mein Vater unausgeheilt erneut umquartiert und in ein Kriegsgefangenenlager in Büderich bei Wesel gesperrt wurde. Er war dort einer von 80 000 deutschen Wehrmachtssoldaten in den berüchtigten Rheinwiesen-Lagern. *In britischer Gefangenschaft, mit hungrigem Magen, hausten sie in Erdlöchern unter freiem Himmel. In vier Wochen hatte Artur zwanzig Pfund abgehungert,* lese ich in der Chronik meiner Tante. Ob mein Vater seiner Schwester hinterher alles über diese Wochen erzählt hat? Etwas Wichtiges fehlt in ihrer Schilderung nämlich, was er mir anvertraut hat. Dass der Hunger den Menschen zum Wolf machen kann. Wir haben uns in diesen Erdlöchern gegenseitig fast totgeschlagen, flüsterte er damals im Krankenhaus in die Dunkelheit hinein. Er sprach über sich in diesem Moment nicht mehr wie von einem anderen Menschen, der einem rätselhaft erscheint, eher wie von einem Tier. Bereit zu sein, jemanden totzuschlagen für ein Stück Brot, diesen möglichen Abgrund durchlebte er dort. Als ich es hörte, war ich beeindruckt von der schonungslosen Ehrlichkeit, mit der er mit sich ins Gericht ging, aber ich brachte seine Schilderung überhaupt nicht zusammen mit dem Menschen, den ich kannte. Introvertiert war er immer gewesen, gewiss auch in vielen Situationen konfliktscheu, in seinen besten Momenten, von denen es zum Glück viele gab, sanft und gütig, und so jemand sollte brutal zuschlagen können? Wenn er zum Totschläger werden konnte, dann kann es prinzipiell jeder, dachte ich, obwohl ich Mühe hatte, diesen Gedanken auch wirklich auf mich selbst zu beziehen. Aber ich kenne ja bislang auch nur das Leben in der Komfortzone. Falls es diesen Wolf in mir gibt, hatte er bislang keinen Anlass, mit den Zähnen zu fletschen. Immerhin ist es mir damals gelungen, fuhr er fort, mir selbst eines dieser Löcher zu graben, als einziger Schutz gegen die Witterung, obwohl ich zu dieser Zeit ja auf Krücken gelaufen bin. Er wunderte sich über sich selbst, wieder mal, und gab mir mit einer Schweigepause Zeit, vor meinem inneren Auge das absurde Bild von einem Kriegsversehrten entstehen zu lassen, der zwar nicht laufen kann, aber dennoch mithilfe einer leeren Büchse Erde ausheben muss, um überleben zu können. Und dann erwähnte er noch, was damals neben den Krücken sein einziger Besitz war. Eine grobe, verfilzte Decke der Wehrmacht, in die er sich in den gefährlichen Nächten unten im Erdloch notdürftig kauerte. Du kennst diese Decke gut, hatte er noch hinzugefügt. Sie hing lange bei uns im Keller in einer Nische als Vorhang, damit die Einmachgläser und die selbst gemachte Marmelade im Dunkeln stehen. Tatsächlich sehe ich das sackartige graue Ding noch vor mir, das an der Haut fürchterlich gekratzt haben muss. Mein Vater konnte sich noch nie gut von Gegenständen trennen. Jedes Schräubchen hat er aufgehoben. Aber diese Decke muss er irgendwann weggeschmissen haben, ohne mir von der Vorgeschichte zu erzählen. Heute bedauere ich es, dass er so viel Unnützes aufbewahrt hat, aber ausgerechnet die Decke nicht mehr da ist. Eigentlich gehörte sie zu der Brille, der Uhr und den ausgetretenen Latschen, den Gegenständen, die die Kraft haben, seine Anwesenheit zu suggerieren. Den Gegenständen, die zumindest für den Moment noch für das Elementare, die alte Ordnung der Welt stehen. Auch hier tut sich wieder eine Lücke auf. Zu gern wüsste ich, mit welchem Gefühl mein Vater die hässliche Decke, die doch lebensrettend gewesen war, in den Müll gestopft hat. War es ein Moment der Gedankenlosigkeit, den er danach vielleicht bereut hat? Dachte er, mit der Decke ein dunkles Geheimnis entsorgen zu können?

Ich bin jetzt zu abgelenkt, lege die Blätter meiner Tante vorerst zur Seite, in der Hoffnung, sie doch in Ruhe zu Hause lesen zu können. Sie wird sich nicht dagegen sträuben, sie möchte ja, dass alles ausgesprochen wird. Und es wird Zeit, dass ich am Kaffeetisch wieder geistig anwesend bin, denn hier wird auch gerade über die Hungerzeit erzählt. Meine Mutter erwähnt, womit sich mein Vater den Bauch vollgestopft hat, nachdem er aus der Kriegsgefangenschaft entlassen worden war. Er durfte vorzeitig raus, weil er landwirtschaftliche Kenntnisse hatte, die nun besonders gefragt waren, und ging mit einem Kriegskameraden, der, anders als er, selbst immerhin noch die Adresse von Verwandten am Kölner Stadtrand hatte, bei denen man versuchen konnte unterzukommen. Ein Beispiel übrigens für die Macht des Zufalls in den entscheidenden Sekunden des Lebens. Denn hätte es den für uns unbekannten und namenlosen Kameraden nicht gegeben, der hinterher für ihn auch gar keine Rolle mehr spielte, weil sich die Lebenswege schnell trennten, wäre mein Vater woanders gelandet und hätte meine Mutter nie kennengelernt. Eine Rückkehr nach Grunow war für ihn ja inzwischen unmöglich, weil er erstens nicht in die sowjetisch besetzte Zone durfte, die dazwischenlag, und sein Dorf zweitens mittlerweile von Polen besiedelt war, die ihrerseits zuvor von der Roten Armee aus dem Osten des Landes vertrieben worden waren. Die polnischen Flüchtlinge dienten den Sowjets als politische Manövriermasse, um Grenzverschiebungen auf Dauer durchzusetzen. Ob seine Mutter und seine

Schwester noch dort waren, wusste mein Vater zu diesem Zeitpunkt ebenso wenig wie vom Tod seines Vaters Willy. Jedenfalls saß er ausgehungert gemeinsam mit anderen Entlassenen aus dem Rheinwiesen-Lager auf der Pritsche eines Lasters, der Richtung Köln fuhr, erzählt meine Mutter, als sie an einem Feld vorbeikamen, auf dem Erbsenpflanzen wuchsen. Allerdings standen sie gerade erst in der Blüte, Wochen, bevor daraus Schoten wachsen würden. Trotzdem sind die entlassenen Kriegsgefangenen vom Laster gesprungen und haben sich mit den harten Strünken vollgestopft, um das nagende Hungergefühl loszuwerden. Verrückt, sagt meine Mutter, einfach irre. Kannst du dir das vorstellen, eine Erbsenpflanze kauen, ohne Erbsen dran? Und meine Tante antwortet: Nehmt bitte noch ein Stück von dem Mohnkuchen, ihr sollt doch nicht hungrig nach Hause fahren. Es wirkt gar nicht gedankenlos, dass sie es ausgerechnet jetzt sagt. Wir tun ihr den Gefallen, zuzugreifen, auch wenn uns gerade überhaupt nicht nach Kuchen zumute ist. Aber das lustlose Kauen hilft, das eben Gehörte für einen Moment des Schweigens sacken zu lassen.

Dann zeige ich meiner Tante einen alten Brief, auf den wir in einer Schublade meines Vaters gestoßen sind. Er muss dort lange gelegen haben, das Datum auf dem Poststempel ist längst verblichen. Der Brief war an meine Tante gerichtet, irgendwann muss sie ihn an meinen Vater weitergereicht haben. Eine Ilse aus Grunow, die, wie der Absender verrät, inzwischen in Düsseldorf lebte, hatte zunächst pflichtschuldig Frohe Weihnachten gewünscht und war dann sofort zur Sache gekommen. Ob meine Tante etwas wisse über die erschossenen deutschen Soldaten. Es seien doch ungefähr zwölf gewesen, dazu ein paar Zivilisten, und sie, Ilse, habe sie mit begraben müssen. Es weiß ja immer jeder noch etwas, schrieb Ilse zur Begründung, warum sie sich an meine Tante wandte, die sie aus dem Dorf kannte, sie hoffe, dass man irgendwann die sterblichen Überreste der Toten finden und umbetten könne. Deshalb hatte sie auch eine eigene, ungelenke Skizze per Hand dem Brief beigelegt, die so aussah, als ob ein Kind einen erfundenen Piratenschatz markiert. Zwölf Kreise in einen Wald hineingezeichnet, dazu an den Rand notiert: Vom Weg aus war es nicht weit, ein paar Hundert Meter vielleicht. Und am unteren Rand der Zeichnung ein paar Rechtecke, dazu die Bemerkung: Diese Häuser müssten doch noch stehen, oder waren es mehr Häuser? Ilse wollte, dass die Toten endlich ihre Ruhe fänden, das trieb sie um, dabei schien sie aber zuallererst selber ruhebedürftig zu sein. Hier litt jemand darunter, das zeigte dieser verzweifelte Brief, dass die Erinnerung an ein traumatisches Ereignis auch lange Zeit danach unverändert präsent sein kann, sodass bestimmte unerwünschte Sequenzen einfach nicht verschwinden wollen, auch wenn die Kulisse allmählich verschwimmt. So, als blieben von einem vollständigen Film am Ende nur noch ein paar eingefrorene Bilder übrig. Leider ausgerechnet die Horrorpassagen. Aber die zunächst unbedeutenden Details, auf die es jetzt ankäme, hat das Gedächtnis längst aussortiert. Es weiß ja immer jeder noch etwas. Das waren Ilses Worte in diesem Brief für die Tatsache, dass wir mit unserem Gedächtnis einen Herrn im eigenen Hause haben, der mitunter gnadenlos und willkürlich regiert. Wir haben stets Anlass, uns selbst zu misstrauen, benötigen die anderen, um den Wahrheitsgehalt eigener Erinnerungen kritisch zu prüfen. Auch Ilse wollte wohl abschließen können mit dem, was sich nicht vergessen ließ. Sonst geht das Leben weiter, herzliche Grüße, mit dieser hilflosen Formel hatte sie ihren Brief beendet. Ich beobachte meine Tante, während sie liest. Sie braucht lange für die wenigen Zeilen, hebt zwischendurch immer wieder den Kopf, um sich zu besinnen, schaut irritiert auf die beigefügte Skizze. Was ist das für eine Geschichte, hast du ihr damals Auskunft geben können, frage ich vorsichtig. Sie schluckt, braucht einen Moment, bevor sie mit belegter Stimme beginnt, von den ersten Tagen unter der Besatzung der Roten Armee zu erzählen. Ich war noch nicht zwölf, und was Ilse meinte, ist passiert, noch bevor die Männer des Dorfes verschleppt wurden. Die Russen hatten eine Gruppe versprengter deutscher Soldaten gefunden, die sich bei uns in der Nähe im Wald versteckt hatten. Leute aus Grunow hatten sie vorher heimlich mit Lebensmitteln versorgt. Ich weiß auch nur so ungefähr, wo das war, aber an der Stelle, die Ilse eingezeichnet hat, mussten die Männer ihr eigenes Massengrab schaufeln. Jetzt legt meine Tante eine Pause ein, wieder schluckt sie. Ihr Mund klingt ganz trocken. Es ist schwer, darüber zu sprechen, sagt sie leise, aber ihr müsst das ja wissen. Außerdem muss ich das für mich abschließen. Zweimal »müssen« kurz hintereinander, als ob sie keine Wahl hätte. In ihrem Gesicht lese ich, dass sie sich heute Nachmittag zu etwas zwingen will, was danach möglichst nie wieder angesprochen werden soll. Ja, wir müssen das wissen, denke ich, und im Grunde sind wir doch deshalb heute zusammengekommen, ohne das vorher untereinander besprochen zu haben. In der Gewissheit, dass wir diesmal anders miteinander reden werden als bei gewöhnlichen Besuchen. In der gemeinsamen Erfahrung, dass der Tod eines Menschen die Überlebenden zumindest eine Zeit lang radikaler sein lässt, nicht mehr so schnell bereit, die wirklich wichtigen Dinge des Lebens zu übertünchen. Schon häufiger habe ich in den vergangenen Monaten gedacht, dass der

Tod auch frei machen kann, wenn man bereit ist, das Momentum zu nutzen. Dann können alte Streitigkeiten geschlichtet werden, genauso, wie ein brüchiger Frieden abrupt enden kann. Der Tod ist eine Wahrheit, die sich nicht ignorieren lässt, und die Wahrheit macht eben auch frei. Und so trocken der Mund auch sein mag, er öffnet sich eben genau jetzt. Meine Tante gibt sich einen Ruck. Als die Männer fertig waren mit dem Schaufeln, fährt sie fort, mussten sie sich in Reih und Glied aufstellen und das Deutschlandlied singen. Anschließend wurden sie buchstäblich in Stücke geschossen. Es war ein Massaker. Danach haben die Russen dann die Frauen aus dem Dorf an die Grube geführt und sie gezwungen, die herumliegenden Körperteile einzusammeln und hineinzuwerfen. Anschließend mussten sie die Grube zuschaufeln. Ihr könnt euch vorstellen, in welcher seelischen Verfassung die Frauen zurückgekehrt sind. Das Dorf war wie gelähmt. Meine Tante musste als junges Mädchen zum Glück nicht mit dorthin, das wird während ihrer Schilderung allmählich klar, alles, was sie weiß, basiert auf den panischen Augenzeugenberichten, die sofort danach im Dorf kursierten. Aber diese Geschichte erzählt sie ja auch nur, weil ich ihr den Brief gegeben habe. Der muss vielleicht zehn oder zwanzig Jahre später bei mir im Briefkasten gewesen sein, schließt sie, aber was aus der Grabstelle im Wald geworden ist und aus Ilse, weiß ich auch nicht. Meine Tante gönnt sich jetzt keine Pause, obwohl sie bereits mitgenommen aussieht. Sie möchte, dass wir auch von Dingen erfahren, die sie selbst gesehen hat. Einmal muss es ja sein, sagt sie, bislang war nie die richtige Gelegenheit, in all den Jahrzehnten nicht. Sie will jetzt Ordnung in ihre Erzählung bringen, beginnt noch einmal von vorn. Ein paar Wochen, nachdem unser Vater meinen Bruder Artur im Lazarett in Grünberg besucht hat, setzt sie an, war unsere Gegend, Grunow und die Nachbardörfer, plötzlich eingekesselt. Wir konnten nicht mehr abhauen, selbst wenn wir es gewollt hätten. Ich sehe noch eine verzweifelte Nonne vor mir, die sich um sieben verwaiste Säuglinge kümmerte. Sie gehörte zu dem endlosen Flüchtlingstreck, der in diesen Wochen an unserem Haus vorbeizog, und hat mit den Babys eine Nacht bei uns verbracht. Ein paar Tage später war die Nonne wieder da, sie musste umkehren, weil der Fluchtweg inzwischen abgeschnitten war, da waren es nur noch zwei Säuglinge! Fünf gestorben in so kurzer Zeit, das müsst ihr euch mal vorstellen. Die Stimme meiner Tante wird brüchig, mehrmals muss sie schlucken, bevor sie die Kraft hat fortzufahren. Was danach passiert ist, hat meine Kindheit beendet, meine Jugend gestohlen und dafür gesorgt, dass meine Mutter ein ganz anderer Mensch geworden ist. Hinterher, als wir nach all den schlimmen Monaten auf dem Weg nach Köln waren, um meinen Bruder endlich wiederzusehen, Ende 1946, hat meine Mutter zu mir gesagt, dass wir so schlimme Dinge erlebt haben, dass uns keiner glauben wird. Also werden wir lieber nichts sagen. Stille im Raum, keiner von uns wagt es in diesem Moment, mit der Kaffeetasse zu klappern. Wir sehen ihr an, dass sie gleich den Faden wieder aufnehmen wird, aber auch, dass sie dafür einen Moment braucht. Dieser letzte Satz meiner Tante macht mich stutzig. Dann war das lange Schweigen in ihrem Fall also nicht bloß ein Selbstschutz aus dem Unterbewusstsein heraus, ein psychologischer Mechanismus der inneren Verpanzerung, der den Beteiligten selbst gar nicht klar war, sondern, im Gegenteil, ein bewusster Entschluss, zudem womöglich ein autoritärer Akt? Dann hat meine Oma also meine Tante am Ende des Schreckens in einen Schweigepakt hineingezwungen? Oder war es eher eine Absprache in gutem Einvernehmen, weil es ihrer Tochter plausibel schien, dass das Verstummen eher helfen könne, Wunden schneller zu schließen? Wieder fehlt etwas Entscheidendes in diesem Bericht über ein wegweisendes Gespräch, das Jahrzehnte her ist: der Grundton, in dem es geführt wurde. Der gesagte Satz wird jetzt an der Kaffeetafel an die nächste Generation weitergegeben, aber er berührt nur die Sachebene. Dabei geht es in der mündlichen

Überlieferung ja nicht nur darum, was gesagt wird, sondern auch, wie es gesagt wird. Was mag sich meine Oma davon versprochen haben, Dritten gegenüber alles zu verheimlichen, was sie selbst erlitten hat? Und warum war es ihr wichtig, dass ihre Tochter ebenfalls den Deckel geschlossen hält? Schweigekartelle entstehen in Familien doch vor allem dann, wenn einer aus der Sippe Tabus gebrochen oder schwere Schuld auf sich geladen hat. An Tätern und Mitwissern hatte es zu diesem Zeitpunkt in Deutschland wahrlich keinen Mangel, deren Schweigen ist alles andere als verwunderlich. Aber warum diese beiden, eine gebrochene Frau in den mittleren Jahren und ihre noch vorpubertäre Tochter? Vielleicht ist der Halbsatz davor entscheidend: Niemand wird uns glauben. Eine wirklich erstaunliche Prognose, denn sie stammt ja aus einem Moment, in dem ein ganzes Land materiell und vor allem moralisch am Boden lag. Die beiden konnten zu keinem Zeitpunkt davon ausgehen, dass es allen gut ging, nur ihnen nicht. Im Gegenteil war es unmöglich, jemanden zu treffen, der nicht den Kopf voll hatte mit Geschichten von dramatischen Verlusten. Ich versuche mir vorzustellen, wie die beiden unterwegs sind durch zerstörte Landschaften, immerzu beschäftigt mit der Frage, wo der nächste Bissen Essen herkommt und das Quartier für die kommende Nacht, ohne Aussicht darauf, Menschen mit Zuversicht zu begegnen. Und dann soll keiner dem anderen glauben, was sie oder er erlitten hat, wo es doch jedem ins Gesicht geschrieben steht? Das kann in dieser Situation nur eine Fehldeutung sein, um eine andere unangenehme Wahrheit nicht aussprechen zu müssen. Meine Oma wird gespürt haben, dass sie bei anderen nicht mehr auf ein offenes Ohr hoffen durfte, weil jeder mit sich selbst beschäftigt war und dabei, so wie mein Vater im Erdloch, jederzeit zum Wolf zu werden drohte. Geschwiegen wird, wenn das Vertrauen in den anderen weg ist, dass er es gut mit mir meint, wohlwollend zuhört, nicht in jedem Satz eine verborgene Lüge wittert und vor allem sich selbst nicht zuallererst als Konkurrent um knappste Güter sieht. Das Stichwort der Verdrängung, die dieser Generation immer wieder vorgehalten wurde, zielte auf individuelle psychologische Entlastungsstrategien. Eine zutiefst verstrickte Generation habe sich den moralischen Abgrund vom Leib halten wollen, aus Selbstschutz Schuld geleugnet und deshalb geschwiegen. All das ist weiterhin hoch plausibel. Aber vielleicht fehlt in dieser Erzählung etwas, und wir haben lange übersehen, dass es für das Sprechen gar kein Gegenüber mehr gegeben hätte, den engsten Familienkreis mal ausgenommen. Weil in einer kaputten Gesellschaft, die gerade den totalen moralischen Offenbarungseid erlebt hatte, so viel

Kälte herrschte, dass es keine Resonanzräume mehr gab, in denen offene Worte hätten wirken können. Dann erlischt die Hoffnung, dass man sich wechselseitig glaubt, und Misstrauen wird zur Geschäftsgrundlage für menschliche Begegnungen. Vielleicht hätte mancher gern gesprochen, fand aber niemanden mehr, der sich wirklich interessiert hätte. Ohne eine gewisse Neugier am Drama des anderen kann kein Mitgefühl entstehen, aber diese Neugier war längst abgestumpft, weil jeder Dramatisches zu erzählen hatte. Besser nicht darüber reden, diese Lektion hat in dieser historischen Situation vermutlich nicht nur meine Oma ihrer Tochter erteilt, sondern sie wird gleichzeitig in unzähligen anderen deutschen Familien Thema gewesen sein. Millionen einzelne Schweigepakte, so stelle ich es mir vor, fügten sich zum lange wirksamen kollektiven Verstummen eines ganzen Landes.

Als die ersten russischen Panzer durchs Dorf rollten, setzt meine Tante neu an, habe ich mich mit meinen Eltern hinter der Scheune versteckt. Das Mittagessen stand noch auf dem Herd, denn der Einmarsch war am 15. Februar 1945 gegen 13 Uhr. Historische Präzision ist ihr offenbar enorm wichtig. Wir hatten Angst, dass geschossen wird, fährt sie fort, aber es blieb still. Aus allen Dachfenstern hingen weiße Betttücher. Nach einer halben Stunde wagten wir uns aus dem Versteck und mussten feststellen, dass die Soldaten bereits die Pferde aus dem Stall geholt und mitgenommen hatten. Sie hatten ein Schwein auf die Schnelle geschlachtet, der Kopf und die Pfoten lagen noch da. Im ganzen Haus waren Rotarmisten, die mit Gewehren fuchtelten. Mein Vater bot den Soldaten das warme Essen vom Herd an. Das war sein verzweifelter Versuch, die Situation ein wenig zu entspannen, aber bevor sie es annahmen, mussten wir drei erst probieren, damit sie sicher sein konnten, dass die Mahlzeit nicht vergiftet war. Und dann gingen die ersten Vergewaltigungen los.

Sie stockt einen Moment. Jetzt merke ich, dass das Zuhören beklemmend wird. Ich weiß nicht, was noch kommen, wie weit meine Tante gehen wird, bin mir nicht sicher, ob wir wirklich alles wissen müssen. Aber sie ist jetzt im Erzählfluss und möchte die Dinge zu Ende bringen. Das Schlimmste war, flüstert sie fast, dass wir den Befehl hatten, die Türen Tag und Nacht offen zu lassen. Wochenlang ging es in allen Häusern rein und raus. Mein Vater hat zu meiner Mutter gesagt: Nimm das Gebiss aus dem Mund, damit du wie eine Greisin aussiehst. Die Frauen im Dorf haben nach Kleidung gesucht, die sonst nur Großmütter trugen, um möglichst unattraktiv auszusehen. Nachts lagen wir zu dritt im Elternbett, voll bekleidet, und hatten furchtbare Angst, waren vollkommen schutzlos. Mein Vater hat in der ersten Nacht die Stiefel nicht ausgezogen, aber dann kam ein Soldat ins Schlafzimmer und hat sie ihm weggenommen. Die russischen Soldaten waren völlig unberechenbar, weil sie fast immer betrunken waren. Sogar Spiritus haben sie gesoffen.

Sie hat jedes Recht, so zu sprechen, denke ich beim Zuhören, denn sie gibt nicht bloß hartnäckige Klischees wieder, sie hat es erlebt. Sie darf auch angeekelt gucken, wenn sie von besoffenen russischen Soldaten spricht, denn was dort geschah, war ekelhaft und grausam. Auch diese Opfergeschichte kommt jetzt zu ihrem späten Recht, gehört zu werden, und ich muss einer alten Frau, die damals noch ein halbes Kind war, keine historische Lektion erteilen, dass es die Deutschen waren, die die Welt in Brand gesteckt haben, dass es die Wehrmacht war, die junge Männer in enthemmte Massenmörder verwandelte, indem sie Jahre zuvor das Massaker zum strategischen Bestandteil des Angriffskriegs gemacht hatte. Dass also alles, was sie erlebt und erlitten hat, eine Folge davon war. Auch im Osten wurde, wenn die Toten im Massengrab lagen, von den Vorgesetzten der SS und der Wehrmacht reichlich Schnaps spendiert. Die Mörder hatten es nötig, sich selbst zu sedieren, um ihre eigenen Taten seelisch aushalten zu können. Ich muss meiner Tante gegenüber jetzt nicht aufrechnen, welch unvorstellbare Menschenopfer die Sowjetunion bereits erbracht hatte, bevor ihre Soldaten in Grunow zu vergeltungssüchtigen Barbaren wurden. Und ich muss sie auch nicht zurechtweisen, weil sie wohl gerade nicht im Kopf hat, wie es den befreiten KZ-Häftlingen ging, die noch Tage zuvor ausgehungert, mit grauen Gesichtern und seelisch zerstört, durch ihr Dorf geirrt waren, ohne zu wissen, wo sie je wieder Wurzeln schlagen sollten. Die inzwischen verstrichene Zeit hat dazu geführt, dass bei Gesprächen wie diesem am Kaffeetisch nicht mehr Schlachten zwischen den Generationen geschlagen werden müssen. Jedenfalls dann nicht, wenn keine historischen Legenden aufgetischt werden. Wir Nachgeborenen können heute froh sein über den gewonnenen Zeitabstand, der uns hilft, empfänglicher zu sein für den späten Schmerz dieser Generation. Und wir müssen auch nicht mehr so zwanghaft wie die 68er-Generation die unangenehme Frage zurückweisen, welche Erbschaft aus dieser Zeit wir selber ungewollt bis heute in uns tragen. Manche 68er meinten ja seinerzeit, damit persönlich längst durch zu sein. Sie bemerkten nicht einmal das Fortleben faschistischer Denkweisen, beispielsweise in der RAF, die Menschen öffentlich zu Schweinen erklärte und anschließend ohne Gewissensnot exekutierte.

Selten war ein Russe nicht betrunken. Meine Tante nimmt den Faden wieder auf. Und die meisten waren voller Wut. Einmal haben sie an zwei

Gehöften gleichzeitig die Scheunen angesteckt. Mit voller Ernte unterm Dach brannten sie lichterloh. Keiner wusste, wie es dem Nachbar ging, weil sich niemand nach draußen traute. Auf der Straße ratterten die Panzer und Kanonen Tag und Nacht. Und immer mussten die Türen offen stehen. Ganz schlimm war, als russische Soldaten meine Mutter mit vorgehaltener Waffe in den dunklen Keller gezwungen haben. Sie haben sie eingesperrt und furchtbar geschlagen. Ihre Schreie höre ich heute noch, sie drangen bis nach oben. Jetzt sieht meine Tante aus, als ob sie gerade selber geschlagen würde. Sie ist mit jedem Satz immer leiser geworden. Wieder erlebe ich, wie präsent ein Schmerz sein kann, der vor über siebzig Jahren erlitten wurde, doch bis heute Schallwellen produziert. Es fehlt nur, dass sie sich die Ohren zuhält, um die Schreie ihrer Mutter nicht hören zu müssen. Sofort fällt mir wieder ein, was mein Vater über die nächtlichen Angstzustände meiner Mutter gesagt hatte. Ihre Schreie, sein festes Umklammern und die schreckliche Geste mit der Hand, die sich an die zugeschnürte Kehle fährt. Der schreiende Mensch und der schweigende Mensch, das sind die Archetypen dieser Kriegsgeneration. Als sie wieder nach oben kam, nimmt meine Tante ihren Bericht wieder auf, war meine Mutter eine ganz andere Frau mit völlig verändertem Gesicht. Sie war plötzlich gealtert und todernst. Das ist es vermutlich, denke ich, was meine Oma niemals und niemandem erzählen wollte. Dass es ihren Peinigern im Keller gelungen war, sie in eine andere Existenzform hineinzuzwingen. Vielleicht fiel ihr Entschluss ja schon dort unten im Keller. Versiegelte Lippen als Antwort auf schlimme Demütigungen. Damit die Täter nicht dadurch triumphieren, dass sich ihr Opfer immer wieder selber als solches beschreibt. So jedenfalls versuche ich mir dieses mutwillige Verstummen zusammenzureimen. Tapfer hat meine Tante es schon vor längerer Zeit geschafft, dieses Schweigegebot, das auf ihr lastete und das für sie offenkundig kein Segen sein sollte, zu brechen. Erst vor diesem Hintergrund wird klar, welche Kraft hinter der Entscheidung gewirkt haben muss, die schmerzhaften Ereignisse von damals nicht nur zu erzählen, sondern sogar niederzuschreiben. Und zwar quälend langsam, über Jahre. Wobei in meinem Kopf sofort die Frage herumspukt, ob sie wirklich alles erzählt hat. Ist ihre Mutter im Keller nicht nur geschlagen, sondern auch vergewaltigt worden? In ihrer Schilderung taucht dieser besonders heikle Punkt nicht auf, vielleicht haben Mutter und Tochter auch nie darüber gesprochen, aber selbst in diesem Moment größter Offenheit meine ich, dass sich eine Nachfrage am Kaffeetisch verbietet. Da fliehe ich lieber unter den Schirm der Konvention, so etwas gehört sich nicht für einen Neffen. Dieser möglicherweise verbliebene Schutzraum der Diskretion soll ihr bleiben, wobei ich mir ziemlich sicher bin, gerade einen Moment zu erleben, in dem sie innerlich bereit ist, Geschichten auch bis zum bitteren Ende zu erzählen. Also eher nein. Für sie ist dieser furchtbaren Episode ohnehin nichts hinzuzufügen, das sehe ich ihr an. Sie zieht einen Schnitt, indem sie erneut Kuchen anbietet und eine Bemerkung über das Wetter macht. So verschafft sie sich Zeit, um wieder ruhiger atmen und kraftvoller sprechen zu können. Und nehmt doch bitte auch von den belegten Brötchen. Ihr sollt doch nicht hungrig nach Hause fahren, wiederholt sie noch einmal. Offenbar ist sie in Gedanken schon weiter, sammelt sich, um den nächsten Schritt zu gehen, um ihre Erzählung zum Abschluss zu bringen. Diesmal nimmt sie es hin, dass wir ablehnen, erneut zuzugreifen. Mir ist jetzt auch nicht mehr nach Essen zumute, sagt sie. Was jetzt noch fehlt, das wissen wir alle am Tisch, ohne dass sie es ankündigen müsste, ist der Tag, an dem ihr Vater Willy verschleppt wurde, mein Opa, dessen strenges Gesicht mit der Hitler-Frisur ich nur vom Foto kenne. Der Tag, an dem die schmerzliche Lücke gerissen wurde, die bestimmend war für den weiteren Lebensweg meines Vaters, weil alles, was danach mit seinem Vater geschah, lauter Fragen produziert hat, auf die er nie eine Antwort finden konnte. Es ist doch wichtig, beginnt meine Tante erneut, dass ihr alles wisst, was ich weiß. Plötzlich wird mir klar, was sich meine Tante für heute vorgenommen hat und was sie mit diesem Satz meint. Sie richtet sich nicht an meine Mutter, sie richtet sich an die nächste Generation am Tisch. Sie nutzt diese Kaffeetafel, um ein immaterielles Erbe zu verteilen. Die Last der Erinnerung als Hinterlassenschaft, die rechtzeitig weitergegeben werden muss, damit der Faden nicht reißt und in der Erzählgemeinschaft der Familie keine Lücken des Verschweigens, Vertuschens, der Beschönigung und der Lüge produziert werden. Sie vermeidet damit, dass die Nachgeborenen nicht mehr verstehen können, warum ihre Vorfahren ihr Leben so und nicht anders gelebt haben und damit auch sich selber ein Stück weit unverständlich bleiben. Weil die Nachwirkung von Kindheitsmustern sonst viel schwerer erkennbar wird. Dass jetzt der passende Zeitpunkt ist, um diese Erbschaft zu verteilen, weil sie ihr eigenes Ende herannahen spürt, darüber kann meine Tante beeindruckend offen sprechen. Anders als meine Mutter, die ihre eigene Endlichkeit bislang hartnäckig beschweigt, obwohl sie vielleicht nur noch ein paar Wochen zu leben hat, spricht sie sich regelrecht frei. Und zwar mit diesen Worten: Ich bin bereit. Diesen knappen Satz habe ich inzwischen mehrfach von ihr gehört, und sie hat gelernt, ihn angstfrei und ohne Hadern auszusprechen. Manchmal fast fröhlich, als ob sie, wenn es so weit ist, endlich die tägliche Mühsal des hohen Alters hinter sich hätte, die momentan unübersehbar all ihre Aufmerksamkeit fordert. Auch ihre Welt hat sich inzwischen radikal verkleinert, sie ist jetzt fast immer alleine. An manchen Tagen, die sie die guten Tage nennt, schafft sie es mithilfe des Stocks die paar Schritte raus aus dem Haus bis hinüber zum Waldrand. Aber es gibt viele schlechte Tage. Dann ist für sie auch nicht daran zu denken, etwas aufzuschreiben. Dieses Projekt stockt inzwischen schon länger, wie sie sagt. Sie hat geistig längst die Koffer gepackt und fühlt sich dieser Welt nicht mehr richtig zugehörig. Erst vorhin noch, beim Kaffeekochen in der Küche, als wir für einen Moment zu zweit waren, hat sie den Satz wiederholt. Und doch klingt er jedes Mal wie neu, weil sie ihn nicht gedankenlos wie in einem Ritual murmelt, sondern im Moment des Aussprechens erneut aktiv denkt. Wahrscheinlich reicht es auch nicht, sich nur einmal bis zu diesem Punkt vorzuarbeiten, sondern man muss sich dieser geistigen Übung immer wieder neu stellen. Memento mori, Sterben lernen, meine Tante scheint zu wissen, wie das geht. Aber wann beginnt man das Üben? Seitdem sie mir diese drei Worte zum ersten Mal anvertraut hat, kriege ich sie nicht mehr aus dem Kopf. Ich bin bereit. Als ob der Tod ein freundlicher Mensch wäre, der einen pünktlich abholt, sofern man alle Reisevorbereitungen sorgfältig erledigt hat. Wenn ich mir für das Kommende etwas wünschen dürfte, denke ich, dann wäre es dies: nach dem Vorbild meiner Tante eines Tages ähnlich unerschrocken dem eigenen Ende entgegenblicken zu können. Möglichst lebenssatt, mit einem Gefühl der Fülle, ohne Groll, etwas verpasst zu haben, ohne den Gedanken, dass der Tod ein Übel sei, weil er weitere Optionen des Glücks zunichtemacht. Aber das muss hohe Lebenskunst sein, sich klaglos zum Tod in ein Verhältnis zu setzen, dass man bereit ist, auch diesen letzten Verlust zu erleiden, am Ende einer langen Kette von Verlusten, mit denen zu rechnen sein wird. Das wird vermutlich nicht ohne zwischenzeitliche Rebellion vonstattengehen. Es gibt so viel zu verlieren.

Am 17. März 1945, nachmittags gegen fünf Uhr, haben sie unseren Vater weggeholt, setzt sie neu an, und mit ihm alle anderen Männer des Dorfes und der Umgebung. Wieder ist sie beim Erzählen um historische Genauigkeit bemüht, als ob sie die Aufgabe einer Chronistin hätte, der kein einziger Fehler unterlaufen darf. Alles bewahren, alles weitergehen, so wie es gewesen ist, allein der Wahrheit verpflichtet, auch wenn diese Wahrheit über Verschleppung und Vertreibung früher häufig kein Gehör fand, auch bei mir nicht. Sonst hätte ich viel früher hartnäckiger gefragt. Ein schwer bewaffneter russischer Soldat hat uns immer mit »dawai,

dawai« angebrüllt, er gab uns zehn Minuten, um voneinander Abschied zu nehmen, wobei wir ja in dem Moment nicht wussten, dass wir ihn nie wiedersehen würden. Gleich hinter dem Dorf, wo wir das nicht mehr beobachten konnten, wurden die Männer ausgeplündert, ich sage euch nachher, woher ich das alles weiß, was jetzt kommt. In unserem Nachbarort Logau mussten die Männer die erste Nacht verbringen, die Sowjets haben sie im ehemaligen Gasthaus einquartiert. Unser Vater soll die Russen angebettelt haben, noch einmal heimgehen zu dürfen, weil er schon so schwer krank und körperlich extrem geschwächt war, aber das wurde ihm nicht erlaubt. Nur zwei Kilometer trennten ihn von Frau und Tochter, darüber muss er in der Situation verzweifelt sein. In dieser Nacht soll er sehr lange geweint haben, das hat jemand gesehen. Meine Tante muss schlucken, sie nimmt sich eine kurze Pause. Ich möchte jetzt den Fluss ihrer Gedanken nicht durch Nachfragen stören, aber zu gern hätte ich gewusst, ob sie denn zuvor ihren Vater schon einmal weinend erlebt hat. Oder auch ihre Mutter, meine Oma, die ich immer nur mit einem nahezu versteinerten Gesicht und verstummt im Sessel sitzend in Erinnerung habe. Sie konnte stundenlang schweigen. Als Jugendlicher hatte ich den Eindruck, dass sie nicht nur beschlossen hatte, über die Ereignisse im Keller nichts mehr zu sagen, sondern in diesem Leben eigentlich gar nicht mehr richtig sprechen wollte, außer über die banalen Dinge des Alltags. Sie wirkte teilnahmslos und hatte schon in ihren besten Jahren etwas Greisenhaftes. Wenn es hieß, dass sie für ein paar Wochen zu Besuch käme, bekam ich als Jugendlicher einen Schreck, weil ich dachte, dass ein Gespenst bei uns einzieht, das immer nur stumm in der Ecke sitzt und Strümpfe stopft. Auch meine eigenen Eltern habe ich niemals mit Tränen im Gesicht gesehen, und so bestürzend das ist, es ist mir die längste Zeit meines Lebens nicht mal aufgefallen. Meine Mutter hat in Situationen der Trauer wiederholt gesagt, sie habe das Weinen schon lange verlernt, und sie meinte dies bedauernd, weil dann nichts in Fluss kommen könne und der Kloß im Hals stecken bleibe. Sie hat nach dem Tod meines Vaters mehrfach geäußert, dass sie viel dafür geben würde, weinen zu können. Zuletzt auf dem Rückweg nach unserem Besuch an seinem Grab. Hier sitzt das fest, meinte sie, und fuhr sich, um ihre körperliche Not zu demonstrieren, währenddessen wieder mit der Hand an die Kehle. Ich bin mir sicher, dass sie den Verlust dieses emotionalen Ausdrucks mit vielen ihrer Generation teilt. Auch dieser Gefühlsstau wird zu den Folgen der Schule der Härte gerechnet werden müssen.

Am nächsten Morgen wurden die Männer weitergetrieben, setzt meine Tante ihre Schilderung fort, bis Grünberg, wo sie anschließend zwei Wochen unter freiem Himmel gewartet haben, bevor sie dann in Güterwaggons Richtung Sibirien verfrachtet wurden. Was muss das für eine lange grausame letzte Reise für ihn gewesen sein, fragt sie sich selbst, denn unterwegs hat er ja zu seiner Gelbsucht auch noch eine Kopfrose und die Ruhr bekommen. Danach war klar, dass er das nicht überleben wird. Meine Tante senkt die Stimme, scheint hier einen Punkt zu machen. Das geht mir jetzt zu schnell, will sie eine Abkürzung nehmen, um die Geschichte möglichst rasch zum Abschluss zu bringen? Ich bin in Gedanken noch nicht beim Transport und seinem Sterben kurze Zeit später, ich hänge noch an der Ortsangabe Grünberg fest. Hier, in Niederschlesien, hat also in doppelter Hinsicht der entscheidende Transit stattgefunden, hier ist das Band zwischen Vater und Sohn endgültig zerrissen. Begonnen hat in Grünberg alles mit dem letzten, von verzweifelter Ratlosigkeit geprägten Gespräch im Lazarett, wo Willys oft zitierter Satz fiel: Wenn wir aus dem Dorf raus sind, sind wir heimatlos. Und von dort ist erst der Sohn verwundet Richtung Westen transportiert worden und ein paar Wochen später der Vater schwer krank Richtung Osten. Zwei Männer, die höchstwahrscheinlich beide liegend transportiert werden mussten, mit für sie unbekanntem Ziel, die vermutlich unentwegt aneinander gedacht haben, unterwegs ganz bestimmt weitere Tränen vergossen und sich mit jedem Kilometer weiter voneinander entfernten. Grünberg heißt heute Zielona Góra, und wir sind mit meinem Vater, um die Geschichte seiner Kindheit besser verstehen zu können, vor vielen Jahren häufiger in der Stadt und der Umgebung gewesen, natürlich auch in seinem Dorf Grunow, um sein ehemaliges Elternhaus zu sehen. Mit jedem weiteren Besuch dort und seinen vielen Erklärungen schienen wir ein vollständigeres Bild von seiner Herkunft zu bekommen. Sein Blick auf die Zustände in seiner alten Heimat wurde glücklicherweise von Mal zu Mal versöhnlicher. Denn der erste Besuch in Grunow, noch zu Zeiten des Kalten Krieges, war schrecklich. Mein Vater lief mit grimmiger Miene durchs Dorf, war fassungslos über den Verfall, hatte keinen Sinn für die Freundlichkeit, mit der wir von den meisten Polen empfangen wurden, und fuhr mit uns nach Hause in geradezu depressiver Verfassung. Doch während er anfangs nur polnische Misswirtschaft zu sehen glaubte, begann er sich später offenherziger für Veränderungen zu interessieren und fand schließlich die Kraft zu sagen, dass dies nicht mehr seine Heimat sei und er nur noch als Urlauber komme, der die Natur und die Weite und den so typischen offenen Himmel Ostbrandenburgs genießen könne. Materielle Werte, die seine Familie durch die Vertreibung verloren hatte, schienen nun gar nicht mehr wichtig zu sein. Die Zeit des Aufrechnens war vorbei. Damals entdeckte er für sich einen erstaunlichen Satz, den er bis zu seinem Tod noch oft wiederholen sollte: Ich habe doch im Leben immer nur Glück gehabt! Eine in meinen Augen bewundernswerte Wendung, die den Gedanken nahelegt, dass auch Reisen in die Vergangenheit eine Art Psychotherapie sein können. Schon damals, als er noch mobil war und wir unter seiner Führung durch die Landschaften seiner Kindheit streiften, hat er begonnen, sich freizusprechen und das immaterielle Erbe der Erinnerung zu verteilen. Mit jeder weiteren Reise dorthin wurde er lockerer. Er hat sich dem gestellt, was gewesen ist und tiefe Wunden gerissen hat. Aber dass Grünberg der Schicksalsort war, an dem sich zwischen ihm und seinem Vater alles entschied, das hat er uns dort nicht erzählt, vielleicht um uns oder sich selbst zu schonen. Er hat dort auch nicht nach Verladerampen gesucht oder nach Schienensträngen, die von West nach Ost führen. Vielleicht wäre das zu einem späteren Zeitpunkt anders gewesen, kurz vor seinem Tod, als sich die Ereignisse dieser chaotischen Tage im Frühjahr 1945 wieder mit Macht in sein Bewusstsein drängten.

Mutter und ich, wir haben lange in Ungewissheit gelebt, obwohl wir natürlich mit dem Schlimmsten rechnen mussten, nimmt meine Tante den Faden wieder auf. In Grunow gingen die Demütigungen und Vergewaltigungen weiter. Unseren Hof machten die Sowjets erst zu ihrem Lazarett und später zur Molkerei. Das Vieh aus dem gesamten Gebiet wurde zusammengetrieben und bei uns untergebracht. Die Ställe waren mit Kühen und Kälbern überfüllt, die Tiere brüllten, die Milch drückte. Die deutschen Frauen aus dem Dorf mussten sie melken. Im Juni 1945, als unsere Dörfer allmählich von Polen besiedelt wurden, vertrieben die Russen viele Grunower, aber Mutter und ich durften noch bleiben, weil wir den Russen nützlich waren. Wir wollten auch nicht weg, denn wir hatten ja den kleinen Funken Hoffnung auf eine Rückkehr unseres Vaters, obwohl die immer unwahrscheinlicher wurde. Wir beteten und hofften von einem Tag zum anderen, leider vergeblich. Erst ein Jahr später, im Juni 1946, erhielten wir den Brief mit der Nachricht von seinem Tod. Geschrieben hat ihn ein guter Bekannter aus der Umgebung, ein Metzger aus Bothendorf, der auch mit Vater in Grünberg in den Güterwaggon gezwungen worden war, all die Strapazen der Deportation nach Sibirien überstanden hatte und aus russischer Kriegsgefangenschaft zurückgekehrt war. Kurze Pause oder Ende der Geschichte? Das lässt meine Tante für einen kurzen Moment der Stille in der Schwebe. Dann wird sie plötzlich unruhig und erhebt sich mühsam aus dem Sessel. Sie will uns etwas zeigen, beginnt in ihren Papieren zu suchen. Schließlich findet sie einen alten, engzeilig und mit vielen Fehlern mit der Schreibmaschine getippten Brief vom 19. April 1949, der unterschrieben ist mit »Eure alte Tante Milly«. Er kam aus der damaligen sowjetisch besetzten Zone kurz vor Gründung der DDR und ging nach Köln. Also jetzt ein Zeitsprung, denke ich und rekapituliere kurz, was in der Zwischenzeit geschehen war, seit dem Einmarsch der Roten Armee im Dorf meines Vaters, dem Kriegsende bald darauf und der beginnenden Blockkonfrontation zwischen Ost und West. Milly war aus Ostbrandenburg vertrieben worden, das längst polnisch war, lebte jetzt westlich der Neiße im heutigen Brandenburg, und meine Tante und ihre Mutter waren nach ihrer geglückten Flucht aus Grunow seit einiger Zeit wieder mit meinem Vater zusammen, nach langen Wirren und schwieriger Suche über Ecken, ihnen war unterwegs auch der illegale Grenzübertritt aus der sowjetischen Zone in den Westen geglückt, und nun hausten sie in bedrückender Armut zu dritt in einem Zimmer in einem abbruchreifen Haus in Köln-Merheim. Der Brief hat eine Vorgeschichte, sagt meine Tante und reicht ihn mir herüber, das musst du wissen, bevor du ihn liest. Milly hatte vorher schon schriftlich bei meiner Mutter vorgefühlt, ob sie nicht an einer zweiten Ehe interessiert sei, jetzt, da sie wisse, dass ihr Mann Willy in Sibirien gestorben ist. Sie wollte ihren Schwager mit ihr verkuppeln, erinnert sich meine Tante. In dieser Zeit, wo jeden Tag ums Überleben gekämpft wurde, ging es nicht um Liebe, sondern um Versorger-Gemeinschaften, für beide Seiten nützlich. Aber Mutter hat das brüsk abgelehnt, sie hat ja tatsächlich, obwohl sie damals noch jung war, für den langen Rest ihres Lebens nie wieder einen Mann an ihrer Seite gehabt. Wahrscheinlich war auch das ein früher Entschluss, so wie der, keinem etwas zu erzählen von dem, was so schmerzhaft war. Auf diese Absage, erklärt meine Tante, bezieht sich Milly in ihrem Brief. Sie hatte verstanden, dass Mutter nicht bereit war, ihr Herz für jemand anderen zu öffnen. Aber ich zeige euch den Brief vor allem, weil dort noch einmal Einzelheiten über das Sterben von Vater in Sibirien drinstehen, das könnt ihr ja mal lesen. Sie gibt ihn mir, und sofort überfliege ich die ersten Zeilen. Milly beginnt ihr Schreiben mit Klagen über die Postsperre in der sowjetischen Besatzungszone. Die Briefe und Päckchen, die hin und her geschickt werden, würden meistens nicht ankommen. *Ich wusste gar nicht mehr, was ich denken sollte, dass ich nichts mehr von Euch hörte! Nun hielt ich es gar nicht mehr aus, es war mir, als ob mich Willy mahnte, noch mal zu schreiben.* Können wir heute noch so über Verstorbene sprechen, wie Milly es hier tut, frage ich mich, dass sie uns dazu bewegen, Dinge zu tun oder zu lassen? Sprechen sie noch zu uns? Oder ist die Verbindung nach der Beerdigung schon fast gekappt, weil wir heute bestrebt sind, nach dem Verlust eines Menschen schnell wieder in den Alltag zu finden? Millys Brief ist ein Dokument über den Schmerz von Flucht und Vertreibung. Und interessanterweise findet sie in der Schriftform eine angemessene Sprache für ihre Gefühle, nichts wirkt hier verpanzert, sie hat nicht die Absicht, ihre Verzweiflung zu verbergen. Auf deutschen Dachböden muss es Hunderttausende solcher Briefe geben. *Die Sehnsucht nach lieben Menschen und nach der Heimat frisst mich buchstäblich auf. Was ist aus uns allen geworden, ob wir die Heimat noch mal wiedersehen werden? Ich habe oft denken müssen an unsere verlassenen Gräber daheim.* Bei dieser letzten Bemerkung bin ich sofort in Gedanken bei einer der Reisen mit meinem Vater nach Grunow. Denn auch ihm war es wichtig herauszufinden, was aus den verwilderten Gräbern auf dem ehemaligen deutschen Friedhof geworden war. Mein Vater empfand den Zustand als furchtbar, denn inzwischen war in den Jahrzehnten seit Kriegsende ein wilder Wald daraus geworden, den niemand mehr betritt. Selbst er hatte Mühe, die Gräberfelder zu entdecken. Die Polen hatten ihren neuen Friedhof demonstrativ ans andere Ende des Dorfes verlegt. Auch das ist Geschichtspolitik, keine Nähe zwischen alten Feinden, selbst nach dem Tod nicht. Wir schlugen uns durch wuchernde Brombeerranken und kratzten Moos von Grabsteinen, um die Namen der Verstorbenen lesen zu können. Gut, dass wir eine Taschenlampe dabeihatten. Die Enkel meines Vaters an unserer Seite werden gedacht haben, dass sie gerade Geschichten aus dem Mittelalter zu hören bekommen, dabei ist dieser Kulturbruch in den Seelen der wenigen Überlebenden noch höchst präsent, auch wenn an diesem Ort buchstäblich Gras darüber gewachsen war und bald niemand mehr der Toten gedenken wird, jedenfalls nicht an diesem versunkenen Ort und erst recht nicht mit der inneren Unruhe Millys.

Ein paar Zeilen später nimmt sie Bezug auf ihren von meiner Oma abgelehnten Versuch, für sie eine zweite Ehe zu arrangieren. Sie meine es wirklich nur gut, beteuert sie, *aber wenn Du Dich nicht dazu entschließen kannst, kann ich es Dir auch nicht verdenken.* Doch dann schickt sie noch eine Ermahnung hinterher: *Sollten wir noch mal in die Heimat zurückkommen, wird die Wunde um den Verlust von Deinem Willy erst wieder von Neuem aufbrechen. Denn, liebe Minna, die Gewissheit hast Du, dass er tot ist.* Offenbar hatte die alte Tante Milly auch aus der Ferne mitbekommen, dass meine Oma den endgültigen Verlust ihres Mannes lange Zeit nicht wahrhaben wollte, auch nicht nach der schriftlichen Nachricht vom befreundeten Metzger, der Augenzeuge seines Sterbens gewesen war. Noch Jahre danach hat sie sich dagegen gesträubt, ihn von Amts wegen für tot erklären zu lassen, obwohl sie damit als Kriegswitwe finanzielle Nachteile in Kauf nehmen musste. Und dann wird Milly genauer, möchte meiner Oma Einzelheiten der traurigen Wahrheit nicht verschweigen. Sie habe gestern den Metzger getroffen und sich alles noch einmal erzählen lassen. *Willy hat am zweiten Tag unterwegs die Gesichtsrose bekommen, richtige Hilfe war nicht da. Er ist von den anderen weg in den Lazarettwagen gekommen. Ist auch am Bestimmungsort noch mit ausgeladen worden, hat noch ein paar Tage gelebt und ist dort in Sibirien gestorben und in einem Einzelgrab von den eigenen Deutschen beerdigt worden. Liebe Minna, wir wollen ihm die Ruhe gönnen, er liegt zwar in fremder Erde, aber in Gottes Hand und hat nicht so lange die Qual in diesem fremden Land ertragen brauchen.* Milly schließt mit dem besänftigenden Hinweis, dass er zum Schluss bestimmt hohes Fieber gehabt und sich in einem Dämmerzustand befunden habe, in dem er nicht mehr klar war. Das ist alles, was wir haben, meldet sich meine Tante wieder zu Wort, nachdem sie gesehen hat, dass meine Lektüre beendet ist. Und weil es so wenig ist, haben wir in der Familie Jahrzehnte damit verbracht, uns auszumalen, was genau in diesen letzten Tagen in Sibirien geschehen ist, woran er in seiner Verzweiflung bis zum Schluss wohl gedacht hat und wo genau dieser

Flecken Erde ist, in dem er begraben wurde. Das ist schlimm, wenn die Gedanken so lange darum kreisen, man aber nie eine Antwort bekommt. Er muss sich in seinen letzten Stunden doch furchtbar allein gefühlt haben, wusste vermutlich gar nicht, wo er war. Ich habe in den letzten Jahren mit meinem Bruder, wenn wir alleine waren, immer wieder über Vaters Tod in Sibirien gesprochen. Das ist ein Thema, mit dem wir nie abschließen konnten, weil es immer offene Fragen gab. Und dann stirbt mein Bruder ausgerechnet am 30. Oktober, genau am 125. Geburtstag unseres Vaters, unglaublich! Als ob der ihn holen wollte. Schweigen am Kaffeetisch, jetzt ist uns allen klar, dass meine Tante ihre Geschichte zu Ende erzählt hat. Sie sieht erschöpft aus. Bald darauf verabschieden wir uns. Es ist uns nicht mehr gelungen, die Stimmung am Tisch noch einmal zu drehen, von schwer auf leicht umzuschalten. Meine Tante entlässt uns mit den Worten, dass beim nächsten Besuch nur fröhliche Themen zur Sprache kommen sollen. Das ist kein Spruch, sie meint es als gegenseitige Ermahnung. Wir alle wissen vermutlich, dass sich die Atmosphäre und Intensität des heutigen Besuchs nicht so leicht wieder einstellen werden. Und meine Mutter wird den Weg hierher ohnehin nicht mehr schaffen. Ein kostbarer Nachmittag, der an allen gezehrt hat. Auf dem Rückweg im Auto ist es lange Zeit still, ich bin dankbar für die Gelegenheit, den eigenen Gedanken nachhängen zu können. Dann frage ich meine Schwester, ob sie sich auch damit beschäftigt, was genau mit unserer Oma damals im Keller geschehen ist, ob sie wohl von russischen Soldaten vergewaltigt wurde. Meine Schwester schüttelt den Kopf. Nein, ich habe mit unserer Tante schon vor einiger Zeit darüber gesprochen, und sie hat versichert, dass beiden das erspart geblieben sei. Der Mutter, aber auch ihr selbst als jungem Mädchen. Ich war ja so ein dünner Hering, hat sie als Erklärung dafür genannt, warum die russischen Männer sie zum Glück nicht angerührt hätten. Dafür war sie aber schwer erschüttert darüber, was einem neunjährigen Mädchen aus der Nachbarschaft in Grunow angetan wurde. Es wurde von drei Soldaten so schwer vergewaltigt, dass es zu verbluten drohte. Das Mädchen musste mit einem Kastenwagen ins Crossener Krankenhaus gefahren werden.

*

Was war das gestern für ein Brief? Meine Mutter sitzt wieder in ihrem grünen Sessel und räumt ein, von unserem Gespräch bei meiner Tante vieles nicht mitbekommen zu haben. Ich höre so schlecht, da machst du nichts dran. Sie sagt es gleichmütig mit einem milden Lächeln, ohne den angestrengten Zorn, den sie kürzlich noch hatte, wenn sie wie so oft mit dem Hörgerät nicht zurechtkam, Dialoge nicht verstand und dadurch wie abgeschnitten von der Welt war. Oder oft so tat, als habe sie verstanden, um sich eine empfundene Peinlichkeit zu ersparen. Aber diese leicht durchschaubaren kleinen Lügen des Alltags, denen noch jedes Mal heikle Momente des Schweigens gefolgt waren, waren für gelungene Kommunikation natürlich genauso zerstörerisch. Inzwischen hat sie zu einer schönen inneren Ruhe gefunden, die es ihr erlaubt, so wie gestern das Miteinander am Tisch zu genießen und die Gespräche währenddessen oft einfach an sich vorbeiziehen zu lassen. Halb dabei und halb schon woanders. Ich erkläre ihr, dass es in dem Brief um das Sterben von Willy in Sibirien ging. Sie denkt einen Moment nach. Anfangs, als wir uns kennengelernt haben, antwortet sie, hat Väterchen viel geweint. Sie meint mit dem Kosewort jetzt wieder ihren Mann, meinen Vater. Das nervt mich zwar, aber ich nehme es hin, weil ich den beginnenden Erzählfluss nicht unterbrechen will. Er hat geweint, aber sprechen konnte er nicht, fährt sie fort. Erst viel später habe ich erfahren, was ihm und seiner Familie alles passiert ist. Er hat es lange Zeit einfach nicht über die Lippen gebracht, auch nicht, dass sein Vater nach Sibirien verschleppt worden und dort elendig vor die Hunde gegangen ist. Er wollte auch nicht, dass ich nachfrage, lieber alles mit sich allein ausmachen. Also doch, denke ich beim Zuhören, er konnte heulen, und wie! Aber lange vor meiner Geburt und danach vielleicht nie mehr. Jedenfalls habe ich es nicht miterlebt. Dabei hat es durchaus Anlässe gegeben, Momente tiefer Trauer und auch Verzweiflung. Aber mein Vater wollte entweder um jeden Preis die Form wahren, oder er hat irgendwann als junger Mann das Weinen verlernt. So wie meine Mutter, die manchmal gerne weinen würde, in solchen Momenten aber nur einen Kloß im Hals spürt, der ihr die Freiheit zu atmen nimmt. Wie geht das, frage ich mich, wie meine Mutter damals einen Menschen ganz nah bei sich immer wieder weinen zu sehen, ohne zu wissen, warum genau? Was war das für ein Heulen, das den Worten keinen Platz gemacht hat? Denn meist ist es doch so, dass den Tränen Sätze folgen, weil das Weinen etwas löst und frei macht. Aber vielleicht waren Worte damals gar nicht nötig, weil die Verzweiflung eine kollektive Erfahrung war und die Verluste allgegenwärtig. Weit und breit niemand, der nichts zu betrauern gehabt hätte. Ich stelle mir die beiden in stummer Umarmung vor, irgendwo draußen auf dem Feld bei ihren ersten heimlichen Begegnungen, von denen ihre Eltern nichts wissen durften, weil sie diese Beziehung missbilligt hätten, auf keinen Fall in der Enge der eigenen vier Wände, die man sich notgedrungen mit anderen teilen musste. Oder hat sie nur zaghaft seine Hand gehalten, wenn bei ihm die Tränen flossen, weil er für eine Umarmung zu schüchtern war? Ihn stelle ich mir in dieser Hinsicht unschuldig und unbeholfen vor, sie durchaus forscher, aber welches Kind möchte über erotische Annäherungen der eigenen Eltern schon Genaueres wissen! Tränen, Worte, Schweigen – irgendwann müssen meine Eltern aus diesen drei menschlichen Regungen ein gleichschenkliges Dreieck gemacht haben, in dem sich keiner der drei Punkte mehr berührte, alle gleich weit voneinander entfernt waren. Erzählst du mir noch, frage ich sie, wie ihr euch kennengelernt habt? Sie nickt. Aber bevor wir jetzt davon anfangen, wolltest du doch noch hören, was ich alles erlebt habe gegen Ende des Krieges. Das ist ein Ordnungsruf. Offenbar hat sich meine Mutter auf unser Gespräch wieder innerlich vorbereitet, sie entscheidet, was heute dran ist, und möchte bei dem bleiben, was sie sich vorgenommen hat. Eins nach dem anderen und am besten chronologisch geordnet. Aber vorher möchte ich noch wissen, wie es ihr heute geht. Sie sieht nämlich angestrengt aus. Die Nacht war schlimm, antwortet sie, ich hatte eine solche Übelkeit, dass ich dachte, ich gehe daran kaputt. Ich stutze. Hat sie tatsächlich kaputt gesagt? Noch vor Kurzem hätte ich auf eine Frage nach ihrem Befinden zu hören bekommen: Es geht, so einigermaßen, was soll's, es muss, jammern bringt nichts, du wirst das schon früh genug alles selber erfahren. Oder zuletzt: so ullala. In solchen Momenten wird sie als alte Frau tatsächlich wieder zum Kind. Sie spricht es auch mit kindlichem Singsang, wiederholt es gern mit einer kleinen Pause dazwischen. So ullala. Das ist eine Wortschöpfung, an der sie eine verschmitzte Freude hat und die uns vermutlich signalisieren soll, dass sie willens ist, alles, was noch kommt, mit einer Prise Heiterkeit zu nehmen, mit einem Staunen über sich selbst. All die bewährten Formeln der Beschwichtigung dienten stets der Selbstdisziplinierung, waren dazu gedacht, die selbst errichteten Dämme zu schützen, Verletzlichkeit in Härte nach außen zu verwandeln, so, wie sie es schon früh gelernt hatte. Formeln, die darüber hinaus nicht zu verachten sind, weil sie auch ihr Gegenüber immer geschont haben. Und jetzt auf einmal eine unverblümte Sprache, frei heraus und deutlich. Ich konnte es nicht mal ertragen, meine eigene Hand zur Beruhigung auf dem Bauch liegen zu haben, so schlimm war der Schmerz. Erstaunlich, wie gelassen sie das jetzt sagen kann, als sei die vergangene Nacht schon wieder lange her. Von sich aus hätte sie das Thema wohl gar nicht angesprochen. Was für ein Geschenk, dass sie nicht das Bedürfnis hat zu klagen! Ob ihr bewusst ist, dass sie mir gerade ein Geschenk macht? Aber wer weiß, wie lange sie diese Gleichmut noch halten kann, denn ihre Verfassung wird zusehends labiler, und Ereignisse wie die der letzten Nacht werden sie in allernächster Zeit wohl häufiger an ihre Grenzen führen. Nicht vorausblicken, auch weiterhin nur von Tag zu Tag denken, sich immer an diese Formel halten, ermahne ich mich, um die eigene wachsende Unruhe in Schach zu halten. Dann tastet sie mit der Hand ihre rechte Hüfte ab, deutet auf eine Stelle und spricht plötzlich von dem »Gewächs«. Ein Wort, das sie bislang nicht in den Mund genommen hat, offenbar spürt sie jetzt deutlich den Tumor. Etwas Hartes, Fremdes, das dort nicht hingehört, lässt sich nicht länger ignorieren. Ich stelle es mir wie eine Versuchung für die Hand vor, der sie nicht widerstehen kann. Sie muss einfach tasten, es zieht sie immer wieder zu dieser verbotenen Stelle hin, selbst wenn meine Mutter, der die Hand gehört, es sich am liebsten verkneifen möchte. So wie die Zunge immer wieder die wunde Stelle im Mund sucht. Aber Krebs wird sie auch künftig nicht nennen, was dort fühlbar eine bedrohliche Form annimmt, darauf würde ich wetten, und vielleicht ist es sogar klug von ihr, das Schreckenswort zu vermeiden. Wenn der Schmerz kommt, erklärt sie und lässt dabei zur Demonstration ihre Hand wandern, dann zieht er von hier in den Rücken und bis rüber auf die andere Seite der Hüfte. Wird Zeit, dass wir die Nussecken für Weihnachten backen, sagt sie unvermittelt. Ich staune über den Gedankensprung. Sie hat sich das Backen wie in jedem Jahr als lieb gewonnenes Ritual gemeinsam mit meiner Tochter vorgenommen. Das ist für sie gesetzt, gehört wie selbstverständlich zum Jahreslauf und musste bislang gar nicht groß besprochen werden. Aber jetzt schon im November, so deutlich vor dem ersten Advent? Das passt eigentlich nicht zu ihrem gewohnten Jahreszeitengefühl. Will sie auf Nummer sicher gehen, dass bei uns zum Fest die Nussecken auf dem Tisch stehen, auch wenn sie vielleicht selber nicht mehr dabei sein wird? Und dann folgt der Satz, der mich für einen Moment erstarren lässt, bevor ich seine Logik besser verstehe: Nächstes Jahr muss sie das ohne mich hinkriegen. Ganz nüchtern ausgesprochen, ohne jede Spur von Selbstmitleid. Sie redet über das Gebäck und ihre Enkelin und meint die knapper werdende eigene Zeit. Sie denkt sich bereits weg und wünscht sich gleichwohl auch für die Zeit danach eine Ordnung der Dinge. Das ist mehr als nur eine Spur von Altersweisheit. Was Sprache vermag! Einen drastischen Inhalt dadurch sanft abzufedern, dass die Aufmerksamkeit vom Großen auf das Kleine gelenkt wird. Ich nehme das Angebot an und frage nicht nach, was sie denn eigentlich meint. Diesmal nicht aus Feigheit, sondern weil ich mich nicht künstlich blöd stellen will. Ich weiß, dass meine

Zeit knapp ist und dass es eine Welt ohne mich geben wird. Und in dieser Welt sollte es Nussecken geben, am besten so, wie ich sie immer gemacht habe. So deute ich ihre Worte. Du wolltest doch, dass ich weitererzähle, fordert sie ungeduldig den Themenwechsel ein. Ich bin froh über diesen erneuten Akt der Schonung. Und darüber, wieder mal zu spüren, wie gut es ihr geht inmitten all des Schlechten und Beklagenswerten. Sie will jetzt wieder vom Schlimmen berichten, was ihr passiert ist, freut sich geradezu darauf, das ist unübersehbar, weil das, was seinerzeit für sie kaum zu ertragen war, heute der Stoff ist, der ihr hilft, sich beim Erzählen wieder besser zu spüren. Wenn der Schmerz der Vergangenheit zur Sprache gebracht wird, hat der Schmerz der Gegenwart für den Moment offenbar keine Chance.

Ende 1944, beginnt sie, bekam ich Urlaub und durfte das Landdienst-Lager der HJ für ein paar Tage verlassen, um meine Familie zu sehen. Der Weg war von Ohrenbach aus nicht weit, denn mein Vater war zu der Zeit ja noch in Nürnberg und hat als Werkzeugmacher in der Rüstungsindustrie gearbeitet. Immer neue Kugellager für immer neue Laster der Wehrmacht. Facharbeiter wie er mussten nicht an die Front, waren freigestellt für die kriegswichtige Produktion, das war sein Glück. Er hatte ein Zimmer in der Stadt, und meine Mutter und meine kleine Schwester waren seit einiger

Zeit auch dort, weil sie aus Köln rauswollten wegen der vielen Luftangriffe und der schwierigen Versorgungslage. Mich hatten sie ja allein bei den Kaninchen zurückgelassen, bevor ich dann, als die Schule plötzlich zu Ende war, zum Landdienst eingezogen wurde. Sie geht beim Erzählen über etwas hinweg, das mich stutzen lässt. Was müssen das für Familienverhältnisse gewesen sein, wenn ihre Mutter nur die jüngere Schwester und sich selbst in Sicherheit bringt, die Vierzehnjährige aber allein zurücklässt? Meine Mutter konnte gar nichts, ich musste mir meine Vorbilder woanders suchen, dieser brutal-nüchterne Satz, erst vor ein paar Tagen von ihr ausgesprochen, bekommt für mich jetzt noch mal einen anderen Klang. Sie hatte zu dem Zeitpunkt, als sie vor Kriegsende allein auf sich gestellt war, schon so schlimme Dinge gesehen, dass sie als traumatische Last für ein Menschenleben längst gereicht hätten. Allein die auf Kindergröße zusammengeschrumpften Leichen auf dem Bürgersteig! Hat sie das vor ihrer Mutter verbergen können, verbergen wollen, oder war die an ihrer älteren Tochter ohnehin nicht interessiert genug, um die Not dieses Kindes, das nicht mehr Kind sein durfte, zu bemerken? Ich riskiere es diesmal, ihren Erzählfluss zu unterbrechen, und frage sie danach, wie sich das Alleinsein für sie angefühlt hat. Ich war froh, dass meine Mutter weg war, antwortet sie unverblümt und lächelt dabei verschmitzt. Offenbar hat sie auf diese Weise Gelegenheit gehabt, ein eigenes Leben mit kleinen Geheimnissen zu führen. Meine Mutter konnte gar nichts. Wieder dieser Satz, in dem unverhohlene Verachtung mitschwingt, wieder ihr Prinzip, durch Wiederholung markanter Merksätze Ordnung in ihre Biografie zu bringen. Während meine Mutter weiter darüber spricht, dass sie ein gutes Händchen dafür hatte, das zu organisieren, was fürs Überleben nötig war, versuche ich mich im Stillen rasch historisch auf der Zeitachse zu orientieren: Den ersten schweren Angriff mit über 1.000 Bombern hatte Köln bereits Ende Mai 1942 erlebt, danach war die Stadt nicht mehr zur Ruhe gekommen und muss zu dem Zeitpunkt, von dem sie jetzt spricht, längst aufgehört haben, ein guter Ort zu sein. Ausgebombt, ausgebrannt und weitgehend entvölkert, das alte Köln existierte nicht mehr, war eine einzige Ruinenlandschaft, wobei die Familie meiner Mutter noch in relativer Sicherheit gelebt haben muss, weil sie rechtsrheinisch am Stadtrand wohnte. Hier gab es bis dahin nur in einer Straße einen wirklich verheerenden Treffer mit etlichen Toten. So manche Bombe explodierte im nahe gelegenen Königsforst, einen Katzensprung vom Haus meiner Mutter entfernt, die Krater finden sich bis heute im Wald. Die Angriffe galten wohl dem kleinen, lange Zeit gut getarnten Flughafen der Wehrmacht in der Nähe, aber häufiger wurde die überschüssige Bombenlast auch einfach über dem Wald abgeworfen, damit die Maschinen der Alliierten hinterher schneller abdrehen und Deutschland wieder verlassen konnten. Gern hat meine Mutter früher erzählt, mit wie viel Selbstbewusstsein die jungen Männer der Fliegerstaffel in den ersten Kriegsjahren durch den Ort stolziert waren, als sie noch als Helden der Wehrmacht galten, die zum sicheren Endsieg beitragen würden. Da war die Kriegsbegeisterung noch ungebrochen und von Luftangriffen auf Köln keine Rede. Die Flieger trugen weiße Handschuhe zur feinen Uniform und genossen es, sich von den Mädchen anhimmeln zu lassen. So wie sie es sagte, in schwärmerischem Ton, war klar, dass sie auch zu den Bewunderinnen gehört hatte. Wie wir während meines Lagerurlaubs in Nürnberg zusammen Weihnachten und Silvester verbracht haben, unterbricht meine Mutter meine Gedanken, weiß ich nicht mehr, aber dann kam der Abend des 2. Januar 1945, der schlimmste Angriff, den Nürnberg je erlebt hat. Was für ein Pech, dass ich ausgerechnet in der Zeit aus dem Landdienst rausdurfte und das miterleben musste. Wir saßen zusammen in Vaters Zimmer in der Friedrichstraße beim Abendessen, als die Sirenen losgingen. Meine Eltern haben sich noch gestritten, ob weiter gegessen werden soll oder nicht. Das war mal wieder typisch. Es endete damit, dass meine Mutter, die ja immer die Ängstliche war, mit meiner Schwester und mir in einem Felsenkeller tief unter der Stadt Zuflucht gesucht hat, während mein sturer Vater am Tisch sitzen geblieben ist, weil er unbedingt erst seine Suppe aufessen wollte. Er wollte ein paar Minuten später nachkommen, aber tatsächlich haben wir ihn mit viel Glück erst drei Tage darauf wiedergesehen. Das waren schlimme drei Tage. Meine Mutter schaut jetzt abwesend aus dem Fenster, lässt diesen Satz lange in der Luft hängen, bevor sie damit fortfahren kann, was genau so schlimm für sie war. Offenbar muss sie erst mal Kräfte sammeln und Erinnerungen aufrufen, bevor sie weitererzählen kann. Feindliche Verbände haben die Stadt erreicht, die Flak hat das Feuer eröffnet. Jetzt spricht sie plötzlich mit verstellter Stimme, zitiert die Luftlagemeldung, die unten im Felsenkeller übertragen wurde. Noch so ein Nazisatz, der sich im Wortlaut in ihr Gedächtnis eingebrannt hat. Sie hat Spaß daran, dass sie sich die zackigen Sätze bis heute merken konnte, ihre Stimme klingt jetzt wieder so wie beim Zitieren der »schwankenden Rohre im Wind«. Ich weiß nicht mehr, wie viele Stunden wir da unten dicht gedrängt mit vielen anderen verbracht haben, aber als die Entwarnung kam, mussten wir hundert Stufen hoch, um aus dem Felsenkeller zu kommen. Die Treppe endete oben im Gebäude des Gymnasiums. Als wir dort ankamen, sahen wir durch zersplitterte Fenster, dass draußen die Bäume brannten. Plötzlich fanden wir uns mitten im Inferno wieder, es war eine irre Hitze. Das Gymnasium stand lichterloh in Flammen, uns war der Weg nach draußen versperrt. Wir hatten keine Wahl und mussten wieder runter in den Keller. Drei Tage haben wir da unten gehockt, viel zu viele Menschen, die meiste Zeit im Dunkeln. Wussten nicht, ob wir da jemals wieder rauskommen würden und auch nicht, was aus Vater geworden war. Ob es ihn beim Suppelöffeln am Esstisch erwischt hat. Ich muss nur darauf schauen, was sie mit ihren Händen macht, um zu verstehen, wie es meiner Mutter jetzt beim Erzählen geht. Mal nimmt sie die rechte Hand bei geschlossenen Augen vor den Mund, als müsste sie sich selbst das Wort verbieten, weil das Weitererzählen etwas Verbotenes hat, ein anderes Mal hält sie sich die Ohren zu, als würde sie bis heute den Bombenlärm, das Getöse einstürzender Häuser und die vielen Angstschreie der dicht gedrängten Verzweifelten unten im Keller als Endlosschleife hören. Alles wieder da, bedrückend nah, so viele Jahrzehnte später. Aber auch, wenn sie sich erschrocken den Mund zuhält, muss diese heiße Lava raus, die so lange tief in ihrem Inneren versiegelt war. Ja, es muss so etwas wie Lava sein. Bei ihrem Anblick stellt sich bei mir eine Assoziation ein, die ich sofort beiseiteschieben möchte, weil ich sie als ungehörig und für sie verletzend empfinde: Meine Mutter sieht jetzt aus, als müsste sie ihre Erlebnisse erbrechen. Und die Hand vor dem Mund kann es nicht verhindern. Erzählen als Kontrollverlust nach Jahrzehnten des Schweigens. Ich frage mich, warum ich diese Geschichte noch nicht kannte, obwohl in unserer Familie doch schon so oft vom Krieg die Rede war. Nur war ich es, der sich dann jedes Mal gewissermaßen die Ohren zugehalten hat, weil ich es nach so vielen Wiederholungen nicht mehr hören mochte. Offenbar hat sie es so gehalten wie mein Vater. Das Anekdotische durfte wieder und wieder erzählt werden, die leicht schelmischen Geschichten vom Überlebenskampf mit glücklichem Ausgang, als seien es Rittergeschichten voller Abenteuer und bestandener Bewährungsproben. Aber die wirklich harten Grenzerfahrungen, die Momente tiefer existenzieller Not, die bis heute die Kraft haben, sie bis auf den Grund zu erschüttern, hat sie sich aufgespart bis zum Schluss. Sie wollte sie vermutlich niemals erzählen und will es nun unbedingt. Oder hat keine Wahl, beides ist denkbar. Jetzt bin ich Zeuge ihres seelischen Großreinemachens, spüre die Wiederkehr ihres damaligen Schmerzes, und sie signalisiert mir, dass wir damit noch längst nicht durch sind. Als wir nach drei Tagen den Felsenkeller verlassen konnten, fährt sie fort, haben wir von der Straße aus Vaters Schrank oben im Freien stehen sehen. Die Häuserwand war weg. Dann trafen wir zum Glück Vater wieder. Bringt mich dahin, wo es nicht brennt, hat er als Erstes gesagt. Er war völlig durcheinander, weil er so schlimme Augen hatte, dass er längere Zeit nichts mehr sehen konnte. Er hatte es gerade noch in den Keller des Mietshauses geschafft, der nicht bombensicher war. Dort hat er sich auf den Boden geworfen, als das Nachbarhaus eingestürzt ist. Wir mussten uns eine neue Bleibe suchen und haben noch am selben Tag eine fremde Wohnung aufgebrochen, die verlassen war. Wer da vorher gewohnt hat, wussten wir nicht, so war das damals eben. Die Wohnung hatte zwar keine Fensterscheiben mehr und war eiskalt, aber immerhin hatten wir fürs Erste ein Dach über dem Kopf. Vater hat sich sofort um den Kachelofen gekümmert, der hatte von den Erschütterungen durch die vielen Bomben tiefe Risse. Vater hat ihn, so gut es ging, zugegipst. In den Tagen danach hatten wir ständig Angst, vom nächsten Angriff überrascht zu werden, weil die Sirenen nicht mehr funktionierten. Die ganze Stadt war hilflos, wie gelähmt. Und ich musste immer wieder an das brennende Gymnasium denken, in dem wir eingeschlossen gewesen waren. Man hat ja keine Ahnung, wenn man unten im Keller hockt, was oben für ein Feuersturm wütet. Es war wie ein Hitzeteppich, der über der ganzen Stadt lag. Sie zögert einen Moment. Da wusste ich noch nichts von der nächsten Hölle, wie das ist, von Tieffliegern beschossen zu werden. Offenbar will meine Mutter nun das nächste Kapitel beginnen. Sie hat sich für heute viel vorgenommen, sammelt sich kurz und setzt dann neu an. Es war immer ein Glücksspiel, ich bin von einer Aufregung in die nächste geraten. Jetzt schüttelt sie beim Wiederholen dieses Satzes, den sie inzwischen offenbar als eine Art Lebensmotto für die Zeit ihrer Jugend betrachtet, ungläubig den Kopf, als könnte sie selber nicht fassen, welchen Gefahren sie ein ums andere Mal entronnen ist. Die fliegen immer einen weiten Bogen, bevor sie auf einen zurasen. Oft denkt man, die haben abgedreht und sind schon auf dem Rückflug, und plötzlich hörst du sie dann auf dich zukommen. Meine Mutter ist gedanklich schon mitten im nächsten Kriegserlebnis, sie berichtet jetzt im Präsens. Bei den Tieffliegern weiß man nie, was als Nächstes passiert. Entweder sie stürzen sich von hoch oben auf einen runter, senkrecht wie ein Stein, feuern, und die Piloten ziehen danach ihre Maschine wieder hoch, oder sie fliegen von Weitem genau auf einen zu und schießen aus den Maschinengewehren unter den Flügeln. Ich habe es zweimal erlebt. Da ging es immer um Sekunden. Aber in der Zeit haben wir schon nicht mehr in dem völlig zerstörten Nürnberg gewohnt, sondern in Reichelshofen bei Rothenburg ob der Tauber. Wir hatten zu viert als Notunterkunft eine Wohnung in einer Brauerei, dort habe ich bald darauf auch das Kriegsende erlebt. Am 31. März, es war der Karsamstag, bin ich morgens mit dem Rad nach Rothenburg gefahren, um in einer Metzgerei dort Lebensmittelmarken einzulösen, als der Angriff losging. Dort funktionierten die Sirenen noch, und die schöne Altstadt war bislang verschont worden. Die Rothenburger erklärten sich das damit, dass ihre Stadt weltbekannt sei. Aber an dem Vormittag ging die Hoffnung komplett verloren. In der Metzgerei bekamen alle einen Riesenschreck, als die Sirenen heulten, die kannten das ja noch nicht, und wir sind sofort runter in den Keller gestürzt. Dort unten habe ich dann etwas gesehen, das ich nie mehr vergessen habe, große Wannen voller Wurst! Dieser Anblick! Mein erster Gedanke war: Ich werde heimlich etwas mitnehmen, merkt doch keiner. Typisch für dich, unterbreche ich sie, beim Thema Essen hast du es nie so genau genommen, wem was gehört. Sie grinst mich an, weiß genau, was ich meine. Als junges Mädchen hat sie lernen müssen, was es heißt, wenn die Lebensmittel knapp werden und der Magen so sehr drückt, dass man an nichts anderes mehr denken kann, und sie hat rasch ihre Begabung entdeckt, in der Not etwas zu »organisieren«, wie sie es immer genannt hat. Für sich und für andere. Anerkennung dafür zu bekommen, dass sie etwas auf den Tisch brachte, das entweder nichts gekostet hat oder günstig getauscht war, muss ihr eine Stärke verliehen haben, die für die Teenagerin wichtig war in einer schwierigen Familie, in der sie um ihren Platz stets kämpfen musste. Darüber hat sie ein Leben lang gern gesprochen, immer wieder Anekdoten von kleinen Diebstählen und Hamstertouren erzählt. Und jedes Mal stand ihr dabei die diebische Freude ins Gesicht geschrieben, die ihr selbst die späte Erinnerung an erfolgreiche Fischzüge offenbar noch bescheren konnte. Lebensmittel sind wertvoll, nichts darf weggeworfen werden, an jedem faulen Apfel gibt es noch etwas Essbares, das rausgeschnitten werden kann, in diesem Geist bin ich erzogen worden und dankbar für diese Prägung. Verschwendung von Lebensmitteln empfinden wir alle bis heute als Frevel. Meine Eltern sind fast bis ins hohe Alter über Zäune gestiegen, wenn sie bemerkten, dass jemand Obst auf Bäumen vergammeln ließ. Sie hielten bei ihren Wanderungen wochenlang Ausschau nach solchen »Gelegenheiten« und machten im Herbst mit uns den Kofferraum voll mit halb legal geernteten Äpfeln, Pflaumen und Nüssen. Guckt ja gerade keiner, sagte meine Mutter in solchen Situationen immer und kannte wenig Scham, in einen fremden Garten einzudringen, um den sich niemand kümmerte. Das gute Obst, ist doch eine Schande, lautete regelmäßig ihr Rechtfertigungssatz. Und zu Hause wurde dann stolz der Ertrag gewogen, bei dem von »Mundraub« angesichts der Mengen beileibe nicht die Rede sein konnte. Jeder Zentner galt als Triumph. Mein Vater war ein Meister des Einlagerns, er bestimmte, in welcher Reihenfolge die Apfelsorten, je nach Haltbarkeit, gegessen wurden. So kamen wir als Selbstversorger immer bis Weihnachten aus. Ich lernte viel über den Zusammenhang von Fülle, Sparsamkeit und Wohlgeschmack. Unsere Vorräte waren beträchtlich, aber nie hätten wir mehr gesammelt, als wir selber verbrauchen konnten. Unter Gleichaltrigen war ich lange Zeit der Einzige, der vertraut war mit den Namen alter Apfelsorten, Berlepsch, Schafsnase und Goldparmäne, heute werden sie wieder wertgeschätzt. Die anderen wissen ja nicht, was gut ist, amüsierten sich meine Eltern, sie kaufen lieber für teures Geld im Supermarkt die neuen Sorten, die zwar wie gemalt aussehen, aber kein Aroma haben. Es war ein Familiensport, sich bei solchen Streifzügen auf Privatgrundstücken nicht erwischen zu lassen, ein kleiner Nervenkitzel gehörte dazu, und heute könnte ich dies als kleine, liebenswürdige Schrulle stehen lassen, wie es sie in jeder Familie gibt. Wäre da nicht die problematische, die zwanghafte Seite, die im familiären Umgang mit dem Thema Essen immer auch enthalten gewesen und untrennbar verbunden ist mit den frühen Erfahrungen meiner Eltern mit Existenznot. Iss den Teller leer, meckere nicht über das Essen. Bei den Mahlzeiten wird nicht getrunken. Erst recht nicht gelesen. Auch nicht gesprochen. Höchstens über das Essen selber. Du musst gut kauen. In diesen Imperativen steckte stets ein Überschuss, der etwas Beklemmendes hatte, vermutlich nicht nur für mich, sondern auch für meine Geschwister. Wenn ich nach Spuren des Nazigifts in meiner Familie suche, finde ich sie zuallererst am Esstisch. Dort hat sich das Autoritäre gehalten, von dem sich meine Eltern in anderen Lebensbereichen zum Glück leichter verabschieden konnten. Unzählige Male habe ich mit Messer und Gabel in der Hand eine Atmosphäre gespürt, als hätte die Zeit der Not niemals aufgehört. Vor allem meine Mutter hat es nie geschafft, ihre Fixierung auf das Thema Essen abzuschütteln, die sie selber nicht durchschauen konnte. Oft schien es mir, als würde sie ihr Leben nur von Mahlzeit zu Mahlzeit strukturieren. Erst seit einiger Zeit ist mir bewusst geworden, dass die Urangst, nicht satt zu werden, als unsichtbarer Gast bei uns immer mit am Tisch gesessen hat. Sie hat der Ausgelassenheit ihren Platz genommen. Und nun ihre Erinnerung an die Wannen voller Wurst im Bombenkeller. Die Augen müssen ihr damals übergegangen sein, denke ich beim Zuhören, ihre fröhliche Gier steht ihr jetzt noch ins Gesicht geschrieben. Aber es ging dann alles so schnell, fährt sie fort, ich konnte gar nichts mehr mitnehmen. Jemand schrie von oben: Es brennt, es brennt, die Pferde müssen aus dem Stall! Dann sind wir alle nach oben gestürzt. Verzweifelte warfen Bettzeug aus dem Fenster, um das Nötigste vor den Flammen zu retten. Es war ein einziges Chaos. Ich bin durch das kaputte Schaufenster der Metzgerei geklettert und hinter den anderen her aus der Stadt gerannt. Denn es war ein Feuersturm, sodass das Löschen mit Eimern sinnlos war. Alle wollten raus aus den engen Gassen und ins Freie vor die Stadtmauer. Da standen sie dann mit Wäsche und Klamotten unterm Arm und schauten auf die riesige Rauchwolke über der Stadt. Das Tageslicht war verschwunden, wir standen im Dunkeln. Es war auf einmal unheimlich still, weil alle nur noch auf die Wucht der Zerstörung starrten. Ich habe mein Rad aus dem Versteck geholt und wollte die acht Kilometer zurück nach Reichelshofen fahren, aber dann kamen unterwegs die Tiefflieger, wie aus dem Nichts. Das Schlimme ist, dass man das Gefühl hat, die sind überall, vollkommen unberechenbar. Sie haben auf mich auf der Landstraße geschossen. Auf ein junges Mädchen auf dem Fahrrad, das allein unterwegs war! Aber zum Glück konnte ich mich gut im Graben verstecken. Erst hinterher, als alles vorbei war, fiel mir wieder ein, dass ich im Keller die Würste vergessen hatte. So eine Gelegenheit kommt doch nicht wieder. Ich habe mich so über mich selbst geärgert! Tagsüber war man in Gedanken mit solchen Dingen beschäftigt, aber nachts habe ich wieder im Bett geschrien. So sehr, dass mir der Hals noch am Morgen wehtat. Ständig habe ich in dieser Zeit gedacht: Du lebst nur noch in Angst. Beim zweiten Mal war es noch schlimmer mit den Tieffliegern. Wieder drückt meine Mutter aufs Tempo, es wird wohl Zeit für sie, dass wir für heute mit dem Erzählen fertig werden. Mein Vater hatte da schon sein neues Zimmer in Nürnberg-Buchenbühl, er wurde ja wieder in der Lastwagenproduktion gebraucht. Ich bin mit Mutter bei ihm zu Besuch gewesen. Als wir auf dem Rückweg im Zug saßen, kamen plötzlich die Tiefflieger und beschossen die Waggons. Der Zug war voll besetzt und blieb auf freier Strecke stehen. Alle waren in Panik, fühlten sich eingesperrt und wollten sofort durchs offene Fenster nach draußen klettern. Aber die Soldaten im Zug haben gerufen, wir sollen warten, bis die Flieger drehen, und diese kurze Atempause nutzen, um aus dem Fenster zu springen. Ich bin dann raus, über die Gleise gerannt, eine Schlucht hinuntergerutscht und habe in dem Durcheinander meine Mutter verloren. Als die Flieger wieder auf uns zukamen, habe ich mich im Graben unter eine fremde Frau gekauert. Besser du als ich, habe ich in dem Moment gedacht.

*

Stell dir vor, die Oma ist beschossen worden! Meine Tochter gibt mir entgeistert die Geschichte von der Zugfahrt und den Tieffliegern wieder, sie kann nicht wissen, dass ich sie vor ihr auch schon gehört habe, weil wir nacheinander bei meiner Mutter zu Besuch waren. Ich bin also nicht der Einzige, mit dem sie gerade die Traumata ihrer Jugend durcharbeitet. Jeden Tag ein neues Kapitel, ihr Aufräumen wird immer systematischer, auch meine Schwester geht jeden Schritt in dieser Schreckenschronik mit, wenn sie meiner Mutter gegenübersitzt. Meiner Tochter geht das Gehörte einerseits sichtlich unter die Haut, weil sie den Schmerz der Erinnerung beim Zuhören gespürt hat, andererseits kommt es ihr vor wie ein Filmstoff, also zugleich unwirklich, ist erstaunt, dass Ereignisse, die sie sonst nur aus der Fiktion kennt, in ihrer eigenen Familie durchlebt worden sind. Sie bezieht diese Episode sofort auf ihr eigenes Leben, rechnet durch, wie alt ihre Oma war, als sie permanent um ihr Leben fürchten musste, und vergleicht. Sie war gerade erst fünfzehn, als sie beschossen wurde, und ich habe mit siebzehn so ein sicheres Leben! Meine Generation hat ja noch gar nichts Schlimmes erlebt, unsere sogenannten Probleme drehen sich um irgendwelchen Schulkram. Hält sie für den Moment ihr eigenes Leben für unwirklich, weil ihm die existenzielle Not fehlt? Sie kann über die Erlebnisse ihrer Oma staunen, aber sie ist, weil der zeitliche Abstand so groß ist, emotional nicht tief verstrickt. Das spüre ich deutlich. Wieder einmal wird das Muster erkennbar: Die erste Generation produziert das Trauma, die zweite, also meine, musste und muss es weiterhin bearbeiten, und wenn dies gelingt, ist die dritte Generation hoffentlich frei. Nur dann hätten wir sogar Grund, erleichtert darüber zu sein, dass aus Nationalsozialismus, Weltkrieg und Holocaust, die einen so langen Schatten geworfen haben, im Empfinden der nächsten Generation nun wirklich Geschichte wird, die keinen unmittelbaren Bezug zum eigenen Leben mehr hat. Die Jüngeren sollten gut darüber Bescheid wissen, was in die Tragödie geführt hat, aber sie haben jedes Recht, nicht von Älteren in einen düsteren Schuldkomplex verwickelt zu werden. Wobei dies nur die optimistische Deutung ist, welch heilsame Wirkung das Zusammenspiel von offener Auseinandersetzung und allmählich verstreichender Zeit haben kann. Ob nachgeborene Generationen tatsächlich unbelastet aus dem Schatten treten und nach vorne leben können, steht ja gerade infrage, weil die alten Gespenster der Aggression und des Autoritären zurückkehren. Das ist die schwebende Gefahr für die Gesellschaft als Ganzes. In den Familien kommt hinzu, dass wir Nachgeborenen der zweiten Generation nicht sicher sein können, ob wir nicht doch bestimmte Muster per Wiederholungszwang längst weitergereicht haben, unbewusst, ohne eigene Entscheidung. Am Esstisch, bei der Kontrolle der Hausaufgaben oder bei welchen Gelegenheiten auch immer. Eine Voraussetzung ist bereits dafür gegeben: die unübersehbare Neigung, die eigene Familiengeschichte schönzufärben. Nach einer Umfrage des Instituts *policy matters* geben nur drei Prozent der Befragten an, ihre Vorfahren hätten das Naziregime befürwortet, dreißig Prozent glauben allen Ernstes, aus einer Familie von Nazigegnern zu stammen. Hinter diesen Zahlen verbirgt sich eine unglaubliche Bereitschaft zur Geschichtsklitterung, zum kollektiven Selbstbetrug. Anscheinend sind wir im Nahbereich der Familie nicht über das Niveau der Adenauer-Ära hinausgekommen, als man bereitwillig an der Legende strickte, einige wenige Verbrecher rund um Adolf Hitler hätten die Welt ins Unglück gestürzt, alle anderen seien bloß unschuldig Verführte gewesen. Aber wie soll das späte Gift aus den Knochen, wenn rund um die eigene Sippe im kollektiven Gedächtnis ein Sicherheitskordon gezogen wird, der die Fortsetzung des Schweigens begünstigt? Also noch einmal der Vorsatz: die eigene Familiengeschichte nicht schönschreiben. Bei der Neigung dazu habe ich mich schon vor längerer Zeit selbst ertappt. Irgendwann musste ich mir eingestehen, dass ich den Vater meiner Mutter, der ja nicht ihr leiblicher

Vater war, besonders intensiv nach Erlebnissen von früher befragt habe, als mein eigenes politisches Interesse erwacht war. Ich war parteiisch in meiner Neugier, weil er ein Roter war. Werkzeugmacher bei Ford, eingefleischter Sozialdemokrat, erfolgreicher Radrennfahrer, also Arbeiter-Sportler, Sohn eines Vaters, der auf Pfaffen geschimpft und beim Bau von Genossenschaftshäusern angepackt hat – das war der Stoff für eine bereitwillige Identifikation mit dem eigenen Opa. Er hatte scheinbar Aufregenderes zu bieten als die Provinzler aus der väterlichen Linie meiner Familie, die nur Dorf- und Fluchtgeschichten zu erzählen hatten. So sah ich es jedenfalls damals im Zustand romantischer Verklärung. Durch diesen Stoff und diese Person ergab sich für mich die Chance, mich als Nachgeborenen einer »roten Dynastie« zu betrachten, worüber ich im Rückblick schmunzeln muss. Wenn man sich einmal dafür entschieden hat, jemanden aus der eigenen Sippe als kleinen Helden zu verehren, dann bringt man zugleich die Ambivalenzen in dessen Verhalten zum Verschwinden. Man wünscht sich als Enkel eben, dass möglichst viel Gutes zum Vorschein kommt, und übersieht gerne die blinden Flecken. Erst als er tot war, ist mir klar geworden, dass ich meinen Opa nie dafür zur Rede gestellt habe, dass er für einen Menschen, den er nicht mochte oder den er für unehrlich hielt, immer die Redewendung benutzte: »Dat es ene Jüd«, das ist ein Jude. Ich habe jedes Mal gestutzt, wenn ich den Satz hörte, aber gesagt habe ich nichts. Ich hielt ihn für gedankenlos, nicht für antisemitisch. Schließlich hatte er doch immer auf der richtigen Seite gestanden. Und ich hatte das Glück, inmitten dieses ganzen Nazidrecks, über den ich in dieser Zeit immer mehr las, ausgerechnet in der eigenen Familie ein Juwel entdeckt zu haben. Weit gravierender noch als diese Nazispuren in der Sprache, die sich hartnäckig gehalten haben, ist eine andere, düstere Familiengeschichte, über die bei uns immer nur in Andeutungen gesprochen wurde, um deren Aufklärung ich mich aber auch nur halbherzig bemüht habe. Vor ein paar Monaten habe ich meine Mutter zuletzt darauf angesprochen, doch ich werde es jetzt zum Ende hin nicht erneut tun, weil ich einsehen muss, dass ich nach so vielen Jahren nicht mehr in Erfahrung bringen werde, als ich schon weiß. Es geht um eine der Schwestern ihrer Mutter, um Tante Käthe. Die hatte wie ihre Schwester irgendwann gegen Ende der Weimarer Republik eine Affäre, aus der ein uneheliches Kind hervorging. Der Vater dieses Sohnes war Jude. Dann lernte die Alleinerziehende Rolf kennen, einen glühenden Nazi, der früh die braune Uniform angezogen hatte. Er lebte in Koblenz und war Chauffeur des Reichsjugendführers Baldur von Schirach, der später im Nürnberger Kriegsverbrecherprozess als einer der Hauptangeklagten wegen Verbrechens gegen die Menschlichkeit verurteilt werden sollte. Von Schirach kam von der Mosel und schanzte seinem gesinnungstreuen Chauffeur Rolf einen lukrativen Standort in Koblenz direkt am Abzweig Richtung Trier zu, an dem dieser eine Großtankstelle aufbauen konnte. Damit aus Rolf Onkel Rolf werden konnte, musste Käthe vor der Hochzeit eine Bedingung ihres künftigen Mannes von erschreckender Kaltblütigkeit erfüllen: Er hat sie genötigt, ihren Sohn, der im Nazijargon »Halbjude« genannt wurde, an Pflegeeltern abzugeben. Der Bengel oder ich, das war die Formel für Rolfs Liebeserpressung, und Käthe hat sich tatsächlich für den Nazi und gegen ihr Kind entschieden. So war das halt damals. Mit diesen fünf Wörtern der Nüchternheit und Kälte hat meine Mutter jedes Mal weitere Nachfragen meinerseits zu diesem Thema abgebügelt. Sie hat Rolf für seine Nazistrenge verachtet, von oben herab, als sei das eine persönliche Macke gewesen. Wenn sie von ihm sprach, gehörte die wegwerfende Handbewegung dazu. So einen kann man doch nicht ernst nehmen. Und ihre Tante Käthe hat sie für verrückt gehalten, dass sie ihm dermaßen auf den Leim gegangen war. Die Käthe war ja sowieso immer schwierig. Aber nie habe ich bei meiner Mutter ein erkennbares Interesse daran verspürt, was diese Entscheidung für Käthes verstoßenen Sohn bedeutet hat. Er ist im Krieg versteckt worden und hat überlebt. Muss wohl schwierig gewesen sein. Aber wir hatten dann keinen Kontakt mehr. Das war schon alles, was sie mitzuteilen bereit war. Ich hatte nicht den Eindruck, dass sie bewusst noch etwas verschweigt, es wirkte eher so, als ob sie das nicht mehr berührt. Ihr Ton war in solchen Momenten nie so, als wäre die Rede von einem Menschen, der zur Familie gezählt wird. Käthe hatte sich so entschieden, und ihr Sohn war raus. Ihre Angelegenheit, aber eben verbindlich für die ganze Familie. Dieser Verstoßene hat im kollektiven Familiengedächtnis keinen Namen mehr, keine Geschichte. Ich wüsste nicht mal, wo ich nach ihm suchen könnte, sollte er noch leben, hoch betagt an unbekanntem Ort. Die Spur hat sich längst verloren. Ich habe im Nachhinein keine gute Erklärung dafür, warum ich ihr nicht rechtzeitig nachgegangen bin. Es war wohl behaglicher, stattdessen dem roten Opa zuzuhören. Wie viele solcher unerzählten oder bloß angedeuteten Geschichten mag es in diesem Land bis heute geben? Wie viele verlorene Spuren? Mein Großonkel Rolf, der Mann, der nicht Stiefvater eines »Halbjuden« sein wollte, der einen kleinen Jungen brutal zum Freiwild gemacht hat, muss nach dem Untergang seines tausendjährigen Lieblingsreiches eine schwere Zeit gehabt haben. Die Tankstelle war weg, sein Job als Chauffeur eines Kriegsverbrechers auch. Er ist dann nach dem Krieg im Hunsrück über die Dörfer gezogen und hat seine Groschen damit verdient, frommen Leuten ihre Gebetbücher neu einzubinden.

*

Etwas hat sich geändert. Ich sehe es sofort, meine Mutter muss gar nichts sagen. Sie hat mich diesmal nicht zur Begrüßung angestrahlt und ihre zehn Finger fröhlich flattern lassen, heute sitzt sie da mit gesenktem Kopf, völlig in sich gekehrt, und schweigt mich an, sehr ausdauernd. Ich schweige zurück, um ihr Zeit zu geben. Ist das Trauer, ist das ein Rückzug aus der Welt, eine Phase der Depression, die unweigerlich zum letzten Abschnitt gehört? Merkwürdig, wie schnell man bereit ist, in die Schublade mit dem vermeintlich sicheren psychologischen Wissen zu greifen, vielleicht sind wir in dieser Hinsicht längst überaufgeklärt. Meinen viel zu wissen über die Pathologien des Gegenübers und scheuen aus guten Gründen den Blick auf uns selbst. Denn wie sich eine solche Grenzsituation von innen anfühlt, wie man sich selber eines Tages verhalten wird, darüber weiß man vorher gar nichts und kann nur hoffen, aus der Beobachtung des anderen vorher etwas gelernt zu haben. Kann auch auf Begleitung hoffen. Gleichwohl wird man nicht um die Erfahrung herumkommen, dass man im Sterben allein ist. Vermutlich so allein und verlassen wie nie zuvor im Leben. Das ist es, was für mich jedenfalls im Moment den Schrecken des Sterbens ausmacht. Diese dunkle Erfahrung radikaler Einsamkeit ist zum Fürchten, vielleicht viel mehr als die körperlichen Schmerzen, gegen die man inzwischen doch eine Menge tun kann. Oder wünscht und wählt man irgendwann diese letzte Einsamkeit? Mein Vater war ganz am Schluss in dieser Hinsicht uns gegenüber unmissverständlich. Er muss auf der letzten Strecke an einem Punkt angelangt sein, an dem er den Tod näherkommen sah, vermutlich noch mal deutlicher als bei seinem ersten Versuch zu sterben. Und dann wollte er auch nichts anderes mehr. Er hat sich mit letzter Kraft in seinem Pflegebett um 180 Grad gedreht. Weg von uns, hin zur Wand. Lasst mich in Ruhe! Diesen letzten Satz hat er oft wiederholt, vier Tage lang. Es war kein Flehen, es war eine deutliche Ansage mit strenger Stimme. Als ob sein letzter Wille gewesen sei, dass alles gesagt und jedes weitere Wort unnütz ist. Gebt es doch zu, dass auch ihr wisst, was ich weiß, versucht mich nicht zu halten, zu überreden, zu besänftigen. So habe ich seinen Wunsch nach Ruhe verstanden. Wie gut, dass aus meiner Perspektive tatsächlich alles gesagt war, nichts Ungeklärtes oder Unversöhntes dem Abtritt im Wege stand. Gestorben ist er schließlich, als gerade niemand im Zimmer war. Nie werde ich erfahren, was in diesen vier letzten Tagen in seinem Inneren passiert ist. Ob da noch klare Gedanken waren oder nur noch innere Leere. Oder beides im Wechsel. Ob unsere Anwesenheit, unsere gedämpften Stimmen im Raum noch wichtig waren oder nur noch ein Grundrauschen aus einer fernen Welt, der er nicht mehr angehören wollte. Auch als Hinterbliebener ist man in dieser Hinsicht einsam, weil es auf diese letzten Fragen keine Antwort gibt, nie geben wird, das Fragen aber trotzdem nicht aufhört. Der Tod ist so groß! Dieser Satz aus fünf Wörtern will einfach nicht aufhören, mein Begleiter zu sein. Die Erinnerung an diese letzten Tage meines Vaters hat mich für einen Moment von meiner Mutter, die stumm in ihrem grünen Sessel sitzt, entfernt. Jetzt holt sie mich zurück, indem sie zu sprechen beginnt. Ich habe heute Nacht geträumt, dass das Haus brennt. Die Leute haben panisch die Bettwäsche aus dem Fenster geworfen. Genauso habe ich das doch erlebt in Rothenburg! Wir sprechen darüber, und dann träume ich das hinterher. Irre. Einfach irre. Alles war wieder da. Ich bin heute Nacht im Traum sogar aufgestanden und wollte mich ganz schnell anziehen. Danach bin ich erst aufgewacht. Also wieder eine fürchterliche Nacht für sie, erschrecke ich beim Hören, meine Mutter tut mir leid. Aber jetzt hält sie den

Kopf oben. Das in sich Gekehrte ist plötzlich verschwunden. Ich bin zufrieden, sagt sie unvermittelt und versetzt mich mit dieser Kehrtwende wieder ins Staunen. Was das Sprechen bei ihr in Bewegung setzen kann! Auch das Lächeln ist zurück. Ich wollte dir doch noch erzählen, wie ich das Ende des Krieges erlebt habe. Sie nimmt den losen Erzählfaden vom letzten Mal wieder auf. Ich bin erleichtert, es kann also weitergehen. Du kannst dein Schreibheft wieder rausholen, fordert sie mich grinsend auf. Ich freue mich über diese erneute Bestätigung, dass sie es begrüßt, wenn ich Spuren ihres verrinnenden Lebens zu sichern versuche. In unserer Gegend in Franken, beginnt sie, war irgendwann Mitte April 1945 Schluss. Aber gesagt hat uns keiner, dass der Krieg jetzt vorbei ist. Es gab nicht diesen einen Moment der Erleichterung, weil wir es ja gar nicht verstanden haben. Ich weiß nicht mal mehr das Datum. Sie schüttelt den Kopf. Dann nimmt sie sich eine Pause, um nachzudenken. Ich habe viel gesehen, fährt sie fort, zu viel, aus dem Fenster in der Brauereiwohnung in Reichelshofen, was sich draußen abgespielt hat. Man hörte von Weitem schon die amerikanischen Panzer. Vor dem Fenster stand ein Grüppchen Soldaten der Wehrmacht. Sie wollten aufhören mit dem Kämpfen und abhauen, auf den letzten Drücker desertieren. Frauen kamen und brachten ihnen Privatkleidung, damit sie aus ihrer

Uniform rauskonnten. Und dann ist es passiert, es war furchtbar. Wieder schließt sie die Augen und hält sich die Hand vor den Mund. Als sie gerade beim Umziehen waren, fuhren Aufseher von der Wehrmacht in einem offenen Wagen vor und haben zwei Männer wegen Fahnenflucht standrechtlich erschossen. Ich habe mich hinter der Gardine versteckt und so gezittert. Sie streckt die Hand aus, bewegt sie hin und her. Es ist ein starkes Zittern, das sie nachahmt, ein Kontrollverlust des Körpers. Wie so oft geht ihr Leib beim Erzählen mit. Das hilft mir, eine Ahnung davon zu bekommen, wie verzweifelt sie als heimliche Zeugin dieser brutalen Morde gewesen sein muss. Tatsächlich, sie ist von einer Aufregung in die nächste geraten. Und nie konnte sie sagen: Es ist genug, ich kann nicht mehr. Der Tag war furchtbar, denn als Nächstes sah ich am Fenster, wie Sechzehnjährige vom Volkssturm mit der Panzerfaust im Arm den Berg raufkrochen. Es waren ja die ganz Jungen und die Alten, die sich im letzten Moment dem Feind entgegenwerfen sollten, als es längst sinnlos war. Die Männer über sechzig riefen den Jungs auf dem Hügel zu: Kommt zurück! Aber die wollten unbedingt, die waren ja noch halbe Kinder und total fanatisch. Ich weiß nicht, ob sie ihr Abenteuer überlebt haben. Und dann waren auf einmal die Amerikaner im Dorf, und ich habe zum ersten Mal in meinem Leben Neger gesehen. Ich zucke beim Zuhören kurz zusammen. Sie hat jetzt ein Wort benutzt, das sich längst verbietet. Aber ist das der Moment, um sie zurechtzuweisen, oder soll ich lieber die Chance wahren, dass sie in ihrem Gefühl bleibt und dadurch ehrlich Auskunft gibt, wie sie diesen Wendepunkt wirklich empfunden hat? Ich bleibe passiv, unterbreche sie nicht und werde sofort dafür belohnt. Denn jetzt wird ihr Gesichtsausdruck mit einem Mal zornig. Ich hatte so eine Wut auf die Amerikaner! Pause, dann wiederholt sie: Ich war so wahnsinnig wütend! Als ich die gesehen habe, habe ich gedacht: Das ist ein Spaziergang für die! Erstaunlich, was meine Mutter da sagt. Denn ich kenne es gar nicht von ihr, dass sie sich selbst als wütend bezeichnet und auch so aussieht. Das hätte ihrem Bedürfnis, die eigenen Emotionen zu kontrollieren und nach außen zu verbergen, zutiefst widersprochen. Nun will ich wissen, was sie damals so wütend gemacht hat. Die Amis hatten schicke Bekleidung und alles dabei, was sie brauchten. Brotbeutel, Dosen und kleine Öfchen. Die haben sich überall hingesetzt und ihre Dosen warm gemacht. Und wie waren dagegen die deutschen Landser ausgerüstet, erbärmlich! Beim Zuhören erschrecke ich über die Präsenz dieser Wut. Ein Gefühlsstau löst sich auf, und sie macht keinen Versuch, daraus ein Geheimnis zu machen. Ein knappes Dreivierteljahrhundert später bricht das alte Freund-Feind-Schema wieder auf. Mir wurde immer übel, fährt sie fort, weil plötzlich im Radio nur noch Jazz gespielt wurde. Sie zieht ein Gesicht, als ob sie sich bis heute noch davor ekeln würde. Das durften wir doch vorher gar nicht hören, das war doch Negermusik! Mit Ende achtzig fühlt sie jetzt wieder so wie die Fünfzehnjährige damals, rätselhaft, diese späte Wiederkehr eines alten Zorns. Und sie vergisst dabei, dass sie später durchaus einen anspruchsvolleren Musikgeschmack entwickelt hat und auch Jazz mochte. Wie oft hat sie mir früher von Benny Goodman und dem Swing vorgeschwärmt. Ich bin dankbar dafür, diesen Moment der Unverstelltheit mit ihr erleben zu können, auch wenn er mich zutiefst befremdet. So wie sie, denke ich, werden in dieser historischen Situation vermutlich viele empfunden haben. Es gab also nicht nur die beiden konträren Gefühlslagen Niedergeschlagenheit versus Erleichterung, psychischer Zusammenbruch versus Befreiung, es gab etwas Drittes. Mit dem Ende des Nazireichs verbindet meine Mutter zuallererst tief empfundene Wut. Als wäre da ein gefährliches Spiel auf unfaire Weise zu Ende gegangen. Gerade die Lässigkeit der Sieger hat sie zornig gemacht. Vielleicht, weil dieses Auftreten so gar nicht der vorher verbreiteten Propaganda entsprach. Nach so viel Blut und Bomben bringt ausgerechnet das Leichtfüßige die harte Gefühlsschale zum Platzen.

Aber warst du nicht auch froh, frage ich sie, dass es mit dem Krieg endlich vorbei war? Wir haben uns keine Gedanken gemacht, antwortet sie, wir haben alles so genommen, wie es war. Fatalismus war offenbar ihr Panzer im täglichen Überlebenskampf. Die Zeit danach war übrigens schön. Wieder eine überraschende Wendung in ihrem Erinnerungsstrom, jetzt ist die Wut aus ihrem Gesicht gewichen und das Lächeln darin zurück. Denn ich bin ja noch ein halbes Jahr in Reichelshofen geblieben, ohne Eltern und Schwester, hatte Arbeit auf einem Bauernhof, immer genug zu essen, und wir Mädchen haben unsere Freizeit mit drei jungen Männern verbracht, die von der Front zurück waren. Die waren auch in der Brauerei einquartiert. Einer von ihnen war Wolfgang. Sie zwinkert mir verschmitzt zu, setzt darauf, dass ich mich an ihre leise Verliebtheit erinnere, ohne dass sie mir ein zweites Mal von ihrem kleinen Geheimnis erzählen muss. Mehr sein als scheinen. Wieder zitiert sie seinen Satz, den er ihr ins Poesiealbum geschrieben hatte. Eine Spur Wehmut schwingt dabei mit. Schau mal, was er noch dazu geschrieben hat. Sie greift noch einmal zu dem Büchlein mit den verblassenden Einträgen. *Zur Erinnerung an die schönen Stunden in Reichelshofen, 27. Juli 1945.* Da war der Krieg erst ein Vierteljahr vorbei. Verträumt schaut sie auf Wolfgangs Unterschrift. Ab acht Uhr abends galt die Ausgangssperre, danach haben die Amerikaner die Straßen kontrolliert, aber bei uns ist es oft später geworden, und wir mussten uns im Chausseegraben verstecken, wenn die Patrouille vorbeikam. Wir haben getanzt und Karten gespielt. Und worauf habt ihr getanzt? Na, auf Benny Goodman natürlich, das war ja neu für uns. Sie strahlt. So nah können also Ekel und Begeisterung beieinanderliegen, denke ich, ohne sie auf diesen Stimmungsbruch aufmerksam zu machen. Das war ein schönes halbes Jahr, aber irgendwann musste ich zurück nach Köln, weil Vater längst wieder bei Ford gearbeitet hat. Meine Eltern haben mir keine Wahl gelassen. Ihre enttäuschte Tonlage hilft mir zu verstehen, was in dieser Zeit mit ihr passiert sein muss. Weit weg von den eigenen Eltern und deren Dauerkrach zu sein, als Fünfzehnjährige ein erstaunlich autonomes Leben führen zu können, endlich ohne Lebensgefahr, dafür mit starken Teenager-Gefühlen, das war ihre persönliche Befreiung 1945, der nun eine Frist gesetzt war. Sie musste zurück in die alte ungesunde Struktur und obendrein die Rolle der Versorgerin übernehmen, weil sich ihre Eltern sehr bald in den beiden Nachkriegsjahren und der Zeit der Existenznot als unfähig erwiesen, jeden Tag ohne ihre Hilfe etwas auf den Tisch zu bringen. Der Swing war wieder weg aus ihrem Leben, jetzt begann für sie die Zeit des »Organisierens«. Ich musste fast immer alleine los, fährt sie fort, jedes Mal, wenn Mutter gesagt hat, wir haben nichts mehr. Das hieß dann, dass ich mich kümmern muss. Einmal bekamen wir sieben Heringe auf Zuteilung. Es war ja nicht so, dass man wählerisch sein konnte bei der Einlösung der Lebensmittelmarken. Sieben Heringe oder gar nichts, für vier Personen! Aber was sollten wir mit den Heringen, wo wir weder Brot noch Kartoffeln hatten? Die isst man doch nicht ohne alles. Also musste ich los, um die Heringe zu tauschen. In Köln ging das nicht, ich musste zu den Kartoffelbauern in der Südeifel, in die Gegend von Ochtendung. Die hatten in der Zeit wirklich alles, was sie brauchten, und lebten vom Tauschhandel mit den Städtern. Nach langem Verhandeln habe ich für die sechs Heringe ein kleines Säckchen mit gut zehn Kilo Kartoffeln bekommen, die hatten schon so lange Keime. Ihre rechte Hand spreizt beim Erzählen Daumen und Zeigefinger, so weit es geht, in ihrem Gesicht steht späte Verachtung für die Bauern geschrieben, die in dieser historischen Stunde die Profiteure waren. Die Nacht darauf habe ich dann auf einem kleinen Bahnhof im Wartesaal verbracht. Ich hatte Angst, auf der Bank einzuschlafen, denn dann wäre ich bestimmt ohne den Sack Kartoffeln wieder aufgewacht. Du konntest keinem mehr vertrauen. Jeder war sich selbst der Nächste und hat dem anderen nicht das Schwarze unterm Fingernagel gegönnt. Sie schüttelt den Kopf. Einfach irre. Ich bin von einer Aufregung in die nächste geraten. Aber sagtest du nicht, es seien sieben Heringe gewesen, frage ich sie. Sie schmunzelt. Den einen habe ich heimlich selber gegessen. Das wussten aber meine Eltern nicht. Jetzt hat sich wieder diese diebische Freude in ihr Gesicht geschlichen. Ich kenne diesen Ausdruck gut. So hat sie immer ausgesehen, nachdem wir über Zäune gestiegen waren, um Obst zu ernten. Verliebt in den Erfolg beim Hamstern. Ich war in der Zeit ständig unterwegs, um Lebensmittel zu organisieren, mit dem Rad oder mit dem Zug. Ganz allein auf mich gestellt. Meine Mutter hat sich ja immer rausgeredet mit ihren komischen Herzattacken, die konnte gar nichts. Ihr letzter Halbsatz, denke ich, entwickelt sich auch mehr und mehr zu einer sprachlichen Leitplanke, mit deren Hilfe sie sich Entwicklungslogiken in ihrem Leben erklärt. Die Abgrenzung von den Eltern, aus Selbstschutz früh vollzogen, bekommt nun im hohen Alter eine neue Wichtigkeit, um die eigene Biografie mir und auch sich selbst verständlich zu machen. Ich muss wieder an ihre Formulierung denken von der schrecklichen Kindheit, die sie nicht noch einmal erleben wolle. Ein vernichtender Satz, eine späte Abrechnung, die ihre Adressaten nicht mehr erreicht. Vaters Hilfe, setzt sie erneut an, bestand darin, dass er bei Ford in der Fabrik öfter etwas abgezweigt hat. Einmal hat er ein Kistchen mit langen Nägeln mitgebracht, damit bin ich sogar bis nach Bayern gefahren. Ich habe schnell gelernt, wie man den Bauern gegenüber seine Forderungen stellt. Jedenfalls hatte ich dann auf dem Rückweg eine große Kiste auf dem Schoß mit jungen Tieren. Eine Ente, zwei Kaninchen und zwei Hühner. Sie erzählt es mit Stolz und breit grinsend, wie eine erfolgreich bestandene Prüfung. Ich verstehe allmählich, dass diese Episoden vom Hamstern für meine Mutter so bedeutsam sind, weil sie für das Helle und Gelungene in ihrem Leben stehen, das ansonsten von lauter Tragödien vollkommen verschattet wäre. Es ist ihre Rittergeschichte aus lauter Bewährungsproben, die von ihr Mut, Geschick und Improvisationsgeist verlangten. Das ist es auch, was sie meint, meiner Generation an Lebenserfahrung vorauszuhaben. Die erlittene Not als Lehrmeister. Die Heimreise mit dem Zug hat drei Tage gedauert, ich war immer in Sorge, ob die Tiere in der Kiste das überleben würden. Das waren keine Personenzüge, ich bin während der Fahrt auf offene amerikanische Güterwaggons aufgesprungen, die mit langen Baumstämmen beladen waren. Viele Leute haben obendrauf gesessen, das war schon ein Abenteuer. Wir mussten uns immer ducken, wenn ein Tunnel kam. Geholfen haben mir in dieser Situation junge Entlassene aus der Kriegsgefangenschaft. Die sind abgesprungen, wenn der

Zug auf freier Strecke gehalten hat, um Wasser für die Ente zu holen. Drei lange Tage vom Fränkischen bis nach Köln, aber am Ende habe ich alle Tiere heil nach Hause gebracht. Wie wohl sie sich fühlt, davon mit Stolz berichten zu können. Die depressive Stimmung, in der ich sie heute vorgefunden habe, ist nun vollends verschwunden. Ihr Gesicht hat etwas Farbe bekommen. Sie gewinnt an Vitalität, indem sie Vergangenes zurückholt und an mich weitergibt. Beim Zuhören denke ich, dass sie sich damals in dieser Rolle, früh Verantwortung für eine ganze Familie übernehmen zu müssen, bestimmt gemocht hat. Vielleicht hat sie sie sogar gewählt oder zumindest dankbar angenommen und ist nicht nur von ihren Eltern hineingedrängt worden. Sie hat sich durch das erfolgreiche Organisieren bestimmt eine Portion Selbstbewusstsein, Autonomie und Anerkennung verschaffen können – und natürlich Luft zum Atmen durch die damit verbundene häufige Abwesenheit. Zugleich muss all das Schreckliche, was sie erlebt hat, schwer auf ihr gelastet haben. Das hat sich Nacht für Nacht gewaltsam Bahn gebrochen durch laute Schreie im Schlaf. Also wie wird sie gewesen sein beim ersten Zusammentreffen mit meinem Vater? Da war sie siebzehn, im Sommer 1947. Nun wird es aber Zeit, dass du endlich davon erzählst, wie du Papa kennengelernt hast, fordere ich sie auf. Diesmal weicht sie nicht aus, denn chronologisch wäre diese Episode jetzt ohnehin an der Reihe. Ich habe auf der Mielenforster Wiese Futter für die Kaninchen gesucht, beginnt sie. Wir hatten dreizehn Stück, und natürlich musste ich sie versorgen, wer denn sonst. Warum spricht sie von müssen und nicht von wollen? Wieder ein leiser Seitenhieb gegen die Eltern, registriere ich, dazu schaut meine Mutter leicht spöttisch. Sie wird darauf zählen, dass ich diesen Gesichtsausdruck zu deuten weiß. Er hat etwas Komplizenhaftes. Es war ein heißer Sommer, deshalb waren die Kaninchen nicht draußen im Stall, sondern in der Waschküche im Keller. Auf der Wiese habe ich Väterchen dann schon von Weitem gesehen, er lagerte dort mit seinen Schafen. Ich bin näher hingegangen und habe ihn dabei beobachtet, wie er mit der Hufgabel vorsichtig kontrolliert hat, ob die Lämmer gesunde Klauen haben. Er war sehr jung, aber er konnte gut mit der großen Herde umgehen. Als ob er nie etwas anderes gemacht hätte. Während meine Mutter spricht, schaue ich auf das Schwarz-Weiß-Foto an der Wand, das meinen Vater als Schäfer in einer langen Kutte zeigt. In seinen Gesichtsausdruck deute ich eine tiefe innere Ruhe hinein, als wäre ihm die Gesellschaft der Schafe und des Hütehundes damals genug gewesen und als hätte es ihm in diesem Moment an nichts gefehlt, obwohl er in dieser Zeit immer nur von der Hand in den Mund gelebt hat. Auch später war es so, dass er die Erholung draußen im Alleinsein gesucht hat, durch das Gärtnern und die genaue Beobachtung der Natur. Oft hat er Anekdoten aus dieser Zeit des Schafehütens erzählt, von Wochen der Einsamkeit im Schäferkarren, mit dem er durchs Bergische Land gezogen ist. Oder von Nächten im Heu bei gastfreundlichen Bauern. Dieser Abschnitt in seiner Biografie schien in seinen Augen eine herausgehobene Bedeutung für die Ausprägung seines Charakters gehabt zu haben. Vermutlich hat er als sorgender Vagabund gelernt, die wichtigsten Dinge mit sich selbst auszumachen. Einmal ist er im Karren von Dieben eingesperrt worden, die mehrere Tiere aus der Herde mitgehen ließen. Da musste er, weil er sich selbst nicht mehr befreien konnte, den Hund mit einer Botschaft am Halsband auf den langen Weg nach Hause schicken, um Hilfe zu holen. Wenn er in der Zeit des Hungers ein Schaf schlachten sollte, dann hat er sich die Leber häufig heimlich in den Stiefel gesteckt und dem Besitzer der Herde vorgegaukelt, er habe sie wegwerfen müssen, weil wieder mal Blutegel in der Leber gesessen hätten. Kleine Notlügen, um zu überleben. Der Bauer, der ihn als Schäfer angestellt hatte, war berüchtigt für sein ausbeuterisches Verhalten, ein schlechtes Gewissen musste mein Vater also nicht haben. Auch nicht, als er einem Schneider in der Stadt als willkommene

Bestechung ein Schaf dafür gegeben hat, dass er seine Schwester in die Lehre nahm. Meine Mutter erinnert sich jetzt, dass er sie draußen auf der Mielenforster Wiese darauf angesprochen habe, wonach sie denn hier suche. Ich habe ihm von den Kaninchen erzählt und meinen Sack gezeigt, der schon halb voll war mit Sauerampfer und Löwenzahn. Den Rest machen wir zusammen, hat er dann gesagt. Und schnell war der Sack voll. Am nächsten Tag bin ich wieder bei ihm auf der Wiese vorbeigekommen, da hatte er schon einen Sack Kaninchenfutter für mich fertig gesammelt. Offenbar hat er mich erwartet oder zumindest gehofft, dass ich kommen würde. Oder waren wir lose verabredet? Er war immer so freundlich! Wie schön, diesen zärtlich ausgesprochenen Satz über meinen Vater so lange Zeit später von meiner Mutter zu hören, ich bin erleichtert, dass ihre Geschichte vom Kennenlernen doch eine Prise Romantik enthält und nicht nur vom Beginn einer Versorgergemeinschaft handelt, obwohl gerade das einen wichtigen Kern ihrer Beziehung ausgemacht hat. Von Anfang an, auf lange Zeit, vielleicht sogar bis zum Schluss. Aber begonnen hat alles mit einer leisen Idylle auf dem freien Feld, abseits des täglichen Nachkriegselends in der nahen Vorstadt! Er hat sie erwartet mit einem Sack Kaninchenfutter, das war sein Strauß rote Rosen. Und er war es, der bei der ersten Begegnung am Tag zuvor mit einem entschlossenen Satz den ersten Schritt gewagt hat. Wie lange wird er gebraucht haben, um diesen Satz herauszubringen, so tief traurig und einsam, wie er zu dieser Zeit gewesen sein muss, zudem vermutlich völlig unerfahren im Umgang mit dem anderen Geschlecht? Bei ihm war nie die Rede gewesen von ersten Versuchen und früher Verliebtheit, bevor er meine Mutter kennenlernte. Da hatte sie ihm erste Erfahrungen voraus. Vielleicht hat sie ihm dort auf der Wiese kleine Zeichen der Ermutigung gegeben, damit er seine Schüchternheit überwindet. Wir machen das zusammen. Wenn ihrer Erinnerung zu trauen ist und dies tatsächlich der entscheidende erste Satz war, der alles Weitere eröffnet hat, dann kann ich mir für die beiden keinen passenderen vorstellen. Er hat nicht gesagt: Setz dich doch zu mir, lass uns ein bisschen reden. Denn so, wie ich ihn kannte, hätten ihm anschließend bestimmt die Worte gefehlt. Er hat ihr klugerweise eine gemeinsame Aktivität vorgeschlagen, die nützlich ist und bei der man gehen und schweigen kann. Ich stelle mir vor, wie die beiden sehr schnell eine wichtige gemeinsame Begabung bei ihrem Gegenüber entdeckt haben und das wahrscheinlich attraktiv fanden. Nämlich ein Geschick darin, aus wenig viel zu machen, und so, wenn auch mühsam, immer für einen gedeckten Tisch zu sorgen. Denn auch mein Vater war als Zwanzigjähriger in seiner Familie gerade in die

Rolle geschlüpft, die anderen beiden, Mutter und jüngere Schwester, mit versorgen zu müssen. Am Anfang hat er kaum etwas gesagt, setzt meine Mutter ihre Erinnerung fort, und dass er sehr viel geweint hat, habe ich dir ja schon erzählt. Aber irgendwann hat er angefangen, von seiner Mutter und seiner Schwester zu erzählen. Kein Wort über seinen verschleppten Vater, damit kam er erst später raus, viel später, mit der ganzen Geschichte seines dramatischen letzten Treffens mit dem Vater im Lazarett in Grünberg. Er hat, als wir uns kennenlernten, mit deiner Oma und mit deiner Tante in einer furchtbaren Unterkunft in Köln-Merheim gewohnt. Die beiden waren ja als Vertriebene aus Brandenburg nach langem Irrweg 1946 bei ihm in Köln gelandet. Er hat vorher verzweifelt nach ihnen gesucht, bekam eines Tages die Nachricht, dass sie irgendwo in Mecklenburg gestrandet wären, und hat dann versucht, über drei andere Zonengrenzen hinweg in die sowjetische Zone zu kommen, um sie zu sehen. Aber er ist an der vierten Zonengrenze mehrmals abgewiesen worden und musste alleine zurück nach Köln. Das muss ihn verrückt gemacht haben, er kannte nur noch Sorgen. Bei diesen Schilderungen meiner Mutter habe ich Mühe, mein Bild von meinem Vater mit ihrem zusammenzubringen: ein verzweifelter junger Mann, der durch das zerrissene Deutschland irrt. War er panisch und ist aufgebrochen ohne jeden Plan? So habe ich ihn nie erlebt. Merkwürdig, dass er damals in der dunklen Höhle davon nichts erzählt hat. Die beiden Frauen, fährt meine Mutter fort, hatten eine ganz schlimme Zeit auf dem Dorf in Grunow hinter sich, sie sind erst von den Russen und dann von den Polen oft geschlagen worden. Seine Mutter musste als Zwangsarbeiterin in die Kreisstadt, nach Crossen, um dort an der Oder gesunkene Kähne leerzuschippen, seine kleine Schwester ist mit anderen Deutschen in ein Haus gesperrt worden, musste ein halbes Jahr für die Polen arbeiten und ist sehr schlecht behandelt worden. Die meisten aus dem Dorf waren da schon längst vertrieben worden, aber die beiden Frauen galten als nützlich und mussten sogar bleiben. Sie haben sich eines Tages heimlich treffen können und sind dann ohne Vorbereitung abgehauen, fast ohne alles, nur mit dem, was sie am Leib trugen. Das Silberbesteck und andere Wertsachen hatten sie ja schon kurz vor dem Einmarsch der Russen heimlich am Grunower See in einem Sandhügel vergraben, aber dort konnten sie vor der Flucht nicht mehr hin. Wer weiß, vielleicht liegt es immer noch dort, aber Väterchen hat ja bei unseren späteren Reisen nach Polen die Stelle nicht finden können, die er sowieso nur vom Hörensagen kannte. Jetzt schweigt meine Mutter für längere Zeit. Wahrscheinlich überlegt sie, was heute noch Wichtiges gesagt werden muss. Mir wird klar, in welch kurzer Zeit sie beim Erzählen schon wieder weggekommen ist von dem kurzen romantischen Moment beim ersten Rendezvous, von den heimlichen Treffen draußen bei den Schafen, wie schnell die Tragödien ihres Lebens den Raum der Erinnerung wieder zurückerobert haben. Eine Generation nur trennt uns, und doch ist es ein ganz anderes Leben, in das ich mich nur hineinfühlen kann, weil sie fühlend spricht. Ein Leben mit ganz viel Ernst und ganz wenig Leichtigkeit. Dies ist der rote Faden, der sich durch all unsere Gespräche zieht, und immer wieder denke ich zwischendurch, was wir Nachgeborenen für Glückskinder sind, die bislang durchweg von historischer Windstille profitiert haben. Oder gehört es zur Logik der Lebensbilanz ganz am Schluss, dass es die gefährlichen Klippen sind, auf die sich die Aufmerksamkeit richtet, weil das Leichte im Leben zugleich das Flüchtige ist? Dieser Praxistest steht mir noch bevor, ob ich am Ende mein Leben auch entlang von Schicksalsschlägen erzählen werde. Sie nimmt sich auch jetzt nicht die Zeit, um in der Rückschau an schöne Begegnungen anzuknüpfen, an erste Küsse und vorsichtige Zärtlichkeiten, von denen die beiden Familien nichts wissen durften. In Gedanken ist sie schon wieder bei den Hindernissen, die einer glücklichen Zweisamkeit damals im Wege gestanden haben. Denn dieses junge Paar muss schon sehr bald misstrauisch beäugt worden sein, weil unklar schien, ob die neue Beziehung in Konkurrenz zu den Pflichten der beiden, für jeweils andere zu sorgen, geraten könnte. Meine Tante hat mir bei unserem jüngsten Treffen noch erzählt, wie sie das Wiedersehen mit meinem Vater in Merheim empfunden habe. Sie stand da mit ihrer Mutter, in zerrissenen Kleidern und mit schmalen, vom Hunger gezeichneten Gesichtern, und er hat die beiden nach so langer Zeit erzwungener Trennung kaum wiedererkannt. Sie ist ihrem Bruder natürlich erleichtert in die Arme gefallen, aber vor allem haben die beiden Frauen sich in diesem Moment des Wiedersehens geschämt! Tief geschämt, weil sie alles verloren hatten und nun als Habenichtse vor ihm standen. Als ob sie sich schuldig gemacht hätten und ihr Äußeres davon Zeugnis ablegte. Wir fühlten uns wie Bettler, hat meine Tante gesagt, wir waren ganz tief gefallen. Von Anfang an müssen die beiden ein bohrendes schlechtes Gewissen gehabt haben, dass nun mein Vater das Überleben von ihnen dreien sichern musste. Plötzlich lebte er mit zwei Frauen in Trauer zusammen, von denen die Ältere der Jüngeren das Gebot auferlegt hatte, über alles, was gewesen war, zu schweigen. Uns wird sowieso keiner glauben, also sagen wir nichts. Die Unterkunft in Merheim war schrecklich, setzt meine Mutter ihre Erzählung fort, es gab kein Wasser, keine Toilette, nur ein Plumpsklo auf dem Hof. Im Winter war es eiskalt. Sie hatten bloß ein Zimmer und mussten zu dritt in einem Bett schlafen. Seine Mutter hat immer nur dagesessen und gejammert, die hätte sich ohne seine Hilfe nie behaupten können. Mehr als nur eine Spur Geringschätzung ist in diesem harten Satz enthalten. Sie muss die Atmosphäre in diesem Elendszimmer als sehr bedrückend empfunden haben. Als ob dort die Trauer von den Wänden getropft wäre. Mir fällt wieder ein, dass meine Mutter es über Jahrzehnte bis in die jüngste Zeit geradezu zwanghaft vermieden hat, in den Nachbarort Merheim zu fahren, obwohl dort schon lange keine Verwandtschaft mehr wohnte und auch die heruntergekommene Nachkriegsunterkunft längst abgerissen war. Sie mag Merheim nicht, hatte mein Vater immer knapp zur Erklärung gesagt, wohingegen es ihn immer wieder dort hinzog. Diese Ausflüge in die Vergangenheit musste er alleine unternehmen. Stets schwang in seiner Ausdrucksweise ein Unverständnis darüber mit, dass dieser Ort, gerade mal einen Kilometer von ihrem jetzigen Wohnsitz entfernt, in den Augen meiner Mutter für ein düsteres Lebenskapitel stand, mit dem sie nichts mehr zu tun haben wollte. In alle Himmelsrichtungen ist sie mit dem Fahrrad gefahren, nur dorthin nicht. Es schien da eine unsichtbare Grenze zwischen Brück und

Merheim zu geben, die sie freiwillig nicht mehr überschreiten wollte. Aber genauer wollte er nie werden, und sie will es jetzt auch nicht. Ich werde nicht erfahren, welche Szenen sich zwischen ihr und der Familie meines Vaters abgespielt haben, weiß aber seit einiger Zeit von meiner Tante, dass das junge Paar anfangs zwischen den Versorgungsansprüchen der beiden Parteien fast zerrieben worden wäre. Meine Mutter muss eifersüchtig darauf geschaut haben, wie viel Lebensenergie mein Vater für seine Mutter und seine Schwester aufgewandt hat. Er hat nie an sich gedacht, immer nur an die beiden, sagt sie auch jetzt wieder, ihre Tonlage verrät, dass ihr das oft nicht gepasst hat, weil sie deshalb ihre Bedürfnisse häufig zurückstecken musste. An uns beide hat er zu wenig gedacht, müsste ihr Satz ehrlicherweise lauten. Sie hat sich wohl wie die Nummer drei in seinem Leben gefühlt. Und mein Vater wiederum musste feststellen, dass die Familie meiner Mutter alles dafür tat, um diese Verbindung früh zum Scheitern zu bringen. Ihre Mutter Clara hat irgendwann unangekündigt in Merheim vor der Tür gestanden, vermutlich voller Abscheu angesichts dieser Elendsbehausung, um seiner Mutter Minna klarzumachen, dass eine Heirat ihrer Tochter in eine Familie von armen Schluckern aus dem Osten unerwünscht sei. Die beiden sollten sich gefälligst trennen. Wutentbrannt muss sie anschließend nach Hause zurückgekehrt sein, weil es ihr nicht gelungen war, einen Pakt der Mütter zur Beendigung des Liebesverhältnisses zu schließen. Diesen frühen Familieneklat hat mir kürzlich meine Tante anvertraut. Die Rheinländer mochten uns Heimatvertriebene nicht, hat sie gesagt, wir wurden an den Rand gedrängt wie Menschen zweiter Klasse. Sie haben uns Pimocken genannt, das war schlimm. Auch so hat also das Nazigift nach dem Krieg weitergewirkt, dachte ich, als meine Tante davon erzählte, in der Form eines verächtlichen, aber lustig klingenden Schimpfwortes. Und erinnere mich daran, mit wie viel Verletztheit mein Vater im Rückblick an seine Schwiegereltern gedacht hat, als er vor Jahren in der dunklen Höhle des Krankenhauses mir gegenüber seine Lebensbeichte abgelegt hat. Sie haben mich nie akzeptiert, grollte er damals, obwohl ich so sehr um Anerkennung gekämpft und mich wirklich um ein gutes Verhältnis bemüht habe. Einmal Pimock, immer Pimock. Jetzt macht meine Mutter einen Sprung und ist schon bei ihrer Hochzeit im Jahr 1950. Offenbar gibt es nicht mehr zu berichten aus den ersten drei Jahren ihrer Beziehung. Sie war häufig unterwegs auf Hamstertouren, er mit den Schafen im Bergischen Land, und ihre gelegentlichen Treffen müssen sich angesichts der Beengtheit der Wohnverhältnisse und der herrschenden Missbilligung in den Familien ohnehin im Freien abgespielt haben. Wir haben schnell geheiratet, sagt sie, damit wir das Zimmer in der Königsforststraße bekommen. Ein unromantischer Satz, die Zärtlichkeit von vorhin ist jetzt aus ihrer Stimme verschwunden. So war das halt damals, fügt sie noch hinzu. Dann zeig doch mal ein paar Bilder von der Hochzeit, fordere ich sie auf. Sie greift nach einem der Fotoalben auf dem Tisch, in denen sie wohl in diesen Tagen auch blättert, wenn ich nicht bei ihr bin, und reicht mir die aufgeschlagene Seite mit Schwarz-Weiß-Aufnahmen herüber. Ein kurzer Blick darauf reicht, um mir einen kleinen Schrecken einzujagen. Da sind sie wieder, die leeren Nachkriegsgesichter. Mal steht sie mit ihm vor der evangelischen Kirche, mal sieht man die Köpfe der Verwandtschaft. Alle sind schwarz gekleidet, alle schauen todernst, es sieht aus wie auf einer Beerdigung.

*

Auch ein Haus kann die Geschichte eines Jahrhunderts erzählen. Königsforststraße 59, ein ganz gewöhnliches, schmuckloses Reihenhaus, hinten raus mit großem Garten, der früher für die Selbstversorgung wichtig war. Wer heute dort wohnt, weiß ich nicht, auch nicht, wem es gehört. Bei einem Verkauf würde es angesichts des Immobilienwahnsinns inzwischen wohl fast eine Dreiviertelmillion bringen, dabei waren seine Erbauer, meine Urgroßeltern, verarmte Leute. Mein Uropa bekam Mitte der 1920er- Jahre Unterstützung vom Staat für den Hausbau, weil er körperlich versehrt aus dem Giftgaskrieg in Frankreich zurückgekehrt war. Jede Woche musste ihm der Magen ausgepumpt werden. Den Einzug ins neue Heim hat er gerade noch miterlebt; als er starb, war die Außentreppe noch nicht fertig. Seine Frau, die geliebte Oma meiner Mutter, bei der sie oft Trost gefunden hat, wenn bei ihren Eltern eine Etage tiefer mal wieder das Porzellan flog, musste sich als Witwe im neuen Haus viel kleiner setzen als geplant, um von der Untervermietung leben zu können und nicht gleich wieder ausziehen zu müssen. Nie hat die Familie meiner Mutter dieses Haus für sich gehabt, auch nicht nach dem Tod der Uroma 1944, immer waren Mieter Ohrenzeugen des Dauerkrachs zwischen meinen Großeltern, und 1956 war es schließlich so weit, dass sie das Haus nicht mehr halten konnten, weil meine Oma ihre beiden Schwestern ausbezahlen musste und sonst kein Geld da war. Eine von ihnen, meine Großtante Paula, hat sich von dem Erbe eine Couchgarnitur gekauft, der grüne Sessel, in dem meine Mutter auch heute wieder sitzt, ist ein letztes verbliebenes Teil davon. Ein durchgesessenes Möbelstück statt einer heutzutage fast unbezahlbaren Immobilie in der Vorstadt, auch das ist Familiengeschichte. In diesem Haus haben meine Eltern nach ihrer kirchlichen Hochzeit, die wie eine Beerdigung aussah, mit der Verwandtschaft Kaffee getrunken, in diesem Haus hatte eine Generation vorher bereits eine traurige Hochzeit stattgefunden. Das war der Tag im Jahr 1935, als meine Mutter als uneheliches Kind ihren »Onkel« auf einmal Vater nennen sollte, ohne dass sie dafür eine Begründung gehört hätte. Dessen Vater wiederum, ihr neuer Opa, den ganz Brück als fliegenden Gemüsehändler mit Holzkarren kannte, war zur Hochzeit seines Sohnes gar nicht in der Königsforststraße erschienen, mit der Begründung, er müsse an dem Tag im Wald Holz holen. Dieser Mann muss ein für seinen Jähzorn berüchtigtes Original gewesen sein, das es geschafft hat, noch Jahrzehnte nach seinem Tod zum Motiv auf einem Karnevalsorden zu werden. Seinerzeit werden sich die Älteren im Ort daran erinnert haben, wie er nach dem Ersten Weltkrieg als Soldat in Begleitung eines Pferdes aus Verdun heimgekehrt war. Einem gefallenen Kameraden hatte er vor dessen Tod im Schützengraben versprochen, für das Tier zu sorgen. Auch die Kinder des toten Soldaten sind bei ihm eine Zeit lang untergekommen. Runkels Doll haben ihn alle genannt, weil Runkel sein Nachname war und der Spitzname Doll im Kölschen für eine im Grunde liebenswürdige Form von Verrücktheit steht. Zu den schönsten Episoden rund um diesen Sonderling und überzeugten Sozialdemokraten gehört ein Wutausbruch, nachdem er erfahren hatte, dass sein Sohn vom katholischen Pfarrer im Ort geschlagen worden war. Er muss damals den Priester mit dem Gewehr in der Hand zur Rede gestellt haben mit den Worten: Wenn du noch einmal mein Kind schlägst, schieße ich dich tot! Oft hat meine Mutter diese Geschichte erzählt, mit einer Mischung aus proletarischem Stolz und proletarischer Scham. Beides hat sie in sich, ihr Blick auf ihre Herkunft ist gebrochen. Sie amüsiert sich über, aus bürgerlicher Perspektive betrachtet, ungeordnete Lebensverhältnisse in der eigenen Familie, will damit selber aber nichts zu tun haben. Sie liebt ihre kölsche Mundart, spricht sie aber nur, wenn sie sich besonders wohlfühlt. Im Alltag hat sie sich das Kölsche immer selbst verboten, aus der Sorge heraus, dass es peinlich wirken könne. Das ist uns abgewöhnt worden, weil es als vulgär galt, lautete ihre oft geäußerte Begründung für diese Selbstbeschränkung, die sicherlich auch eine Spur Kontrollzwang enthält, einen Verlust von Spontaneität. Aber Dialekte galten schon seinerzeit als Unterschichtssprache, und sie wünschte sich nichts sehnlicher als den sozialen Aufstieg. Der Lebensweg meiner Mutter verdient schon deshalb besonderen Respekt, denke ich inzwischen, weil sie nicht den gesellschaftlichen Rückhalt meiner Generation hatte, der der Aufstieg durch Bildung durch einen geradezu euphorischen Reformschwung in den 1970er-Jahren sehr erleichtert worden ist. Wir hatten den Zeitgeist auf unserer Seite, sie aber hat ohne formale Bildung mit vierzehn Jahren die Volksschule verlassen müssen und sich später trotzdem neue geistige Horizonte eröffnet. Nach dem Krieg ist sie weite Wege zu Fuß gelaufen, weil die Straßenbahn noch nicht wieder fuhr, um Opernabende in der Kölner Universität miterleben zu können, die damals Ersatzspielstätte für die zerstörte Oper war. Das hat sie ganz allein gemacht, ohne prägende Vorbilder in der eigenen Umgebung. Niemand hat sie in die »Zauberflöte« begleitet, vielleicht war sie froh, diesen neuen, selbst entdeckten Kosmos als ganz junge Frau für sich allein zu haben, als kleine Flucht aus dem Elend der Nachkriegszeit. Wenn ich später als Schulkind nach Hause kam, lief in der Küche im Radio immer klassische Musik. Sinfonien und Arien hat meine Mutter oft nach wenigen Takten erkannt, so vertraut war sie inzwischen mit dem Repertoire. In alter und mittelalterlicher Geschichte ist sie durch viele Lektüren so zu Hause, wie es heute kein Schulunterricht mehr leistet, und dies alles hat sie autodidaktisch erworben. In ihrem Elternhaus stand kein einziges Buch im Schrank, das Einzige, was dort gelesen wurde, war die wöchentliche *Hörzu*. Auch diese Vorlieben markierten einen Bruch mit ihrer Herkunft, sie muss ihn gewollt haben. Also woher komme ich, als gesellschaftlich wilde Kreuzung, eigentlich, aus welcher sozialen Schicht? Welche beiden Milieus, die sich ohne die Verwerfungen des Krieges niemals berührt hätten, sind zusammengeprallt, als sie mit meinem Vater ein Zimmer mit Dachschräge in der Königsforststraße bezog? Im Haus, das zwar ihren Eltern gehörte und in dem sie groß geworden war, in das mein Vater aber wegen der herrschenden Wohnungsnot von Staats wegen nur einziehen durfte, weil die beiden schnell geheiratet hatten. Wir blättern in einem der vielen Fotoalben und stoßen auf alte Bilder aus Grunow in Brandenburg, das heute zu Polen gehört. Dort sieht man meine Vorfahren väterlicherseits, Opa Willy, den wohlhabenden Bauern und Gastwirt, der als Einziger im Dorf gut lesen und schreiben konnte, und seine Frau Minna, die nach seiner Verschleppung nach Sibirien mit ihrer Tochter Richtung Westen floh. Die beiden schauen verschlossen in die Kamera des Porträtfotografen. Ist der für die Aufnahmen zu ihnen ins Dorf gekommen oder sind sie mit der Pferdekutsche zu ihm in die Kreisstadt gefahren, herausgeputzt im Sonntagsstaat? Jedenfalls gab es wohl damals noch nicht die Erwartung, dass gelächelt werden muss, bevor auf den Auslöser gedrückt werden kann, alle schauen ernst wie bei einem Staatsakt.

Selbst wenn ich nichts über ihre Lebensgeschichte wüsste und die Herkunft erraten müsste, würde ich sofort vermuten, dass dies Gesichter vom Land sind. Minna trägt auf einem Bild zudem Tracht. Es sieht nach Frömmigkeit, harter Arbeit und strenger Sitte aus, niemals könnte ich mir dazu Geschichten von schnellen Schwangerschaften und unehelichen Kindern vorstellen, wie sie im städtisch-proletarischen Milieu meiner Mutter beinahe üblich waren. Deine Oma Minna, setzt meine Mutter neu an, kam aus Harpersdorf in Schlesien, aus großbäuerlichen Verhältnissen. Über Bekannte hat Opa Willy erfahren, dass er dort eine mögliche Ehefrau finden könne, die für die Familie wirtschaftlich interessant sei. Er hatte ja auch schon die Mahnung der Eltern gehört, dass man bei der Partnerwahl die Mädchen aus dem Dorf meiden solle, und bis nach Schlesien waren es über hundert Kilometer, damals fast eine Weltreise. Er ist dann in Begleitung seiner Mutter Pauline hingefahren, um sich das Gut anzuschauen. Und die Braut natürlich auch. Es war eine arrangierte Hochzeit. Meine Mutter lächelt beim Erzählen, und ich weiß, was jetzt kommt. Denn über die Details dieses Arrangements hat sie früher schon häufiger gesprochen, immer mit einem schwärmerischen Ton, als ob sie mit dieser Geschichte nachträglich ihren Eltern beweisen könne, in eine gute Familie hineingeheiratet zu haben und nicht in einen verarmten »Pimocken-Clan«, der anderen nur auf der Tasche liegen will. Pauline hat sich auf dem Hof umgeschaut, erzählt sie jetzt ein weiteres Mal, sie war sehr angetan von all dem bäuerlichen Wohlstand, und nachdem sie alles gesehen hatte, bekam ihr Sohn Willy von ihr die Zustimmung. Hier kannst du reinheiraten. Soll sie gleich dort gesagt haben, beim Anblick der Güter, noch bevor ihr die künftige Schwiegertochter vorgestellt wurde. Als dann die Hochzeit und Minnas Umzug zu Willy auf den Hof nach Grunow anstand, fährt sie fort, musste für die Mitgift extra ein Güterwaggon angemietet werden. Zwei tragende Kühe, zwei Schweine mit Ferkeln und dazu 6.000 Goldmark gingen mit dem Zug nach Brandenburg. Das Geld war wichtig als späteres Erbe, da wurde schon bei der Hochzeit an die nächste Generation gedacht. Wenn der Krieg nicht gewesen wäre und Väterchen irgendwann den Hof übernommen hätte, erklärt sie, dann hätte er seine Schwester später nicht ausbezahlen müssen. Sie hätte die 6.000 Goldmark bekommen und mit in eine neue Familie nehmen können. Arrangierte Ehen, patriarchale Erbfolgen, Goldmünzen als Mitgift, damit Höfe nicht geteilt werden und junge Frauen trotzdem nicht mit leeren Händen ihr Elternhaus verlassen müssen – wie fern das ist von unserem heutigen Lebensgefühl, denke ich, wie Erinnerungen an eine längst versunkene Epoche. Und wie fern auch vom täglichen Durchwurschteln im rheinischen Arbeitermilieu meiner Mutter damals. Sie identifiziert sich stark mit den Dorfgeschichten meines Vaters und erzählt davon mit einem Stolz, als wäre die Braut sie selbst gewesen, die mit stattlicher Mitgift nach Grunow zog, ganz in Weiß in einer feierlich geschmückten Kutsche. Dabei hätte sie ohne Nazizeit und Kriegswirren aufgrund ihrer Herkunft nie eine Chance gehabt, meinen Vater zu heiraten. Denn dann hätten seine Eltern gewiss Nein gesagt und dieser Klassenliebe einen Riegel vorgeschoben. Stattdessen ihre traurige Hochzeit in der Königsforststraße im Jahr 1950, in eine Familie mit drückender Not hinein, die alles verloren hatte und die zu diesem Zeitpunkt nicht darauf hoffen durfte, ihre Heimat je wiederzusehen. Genau genommen wurde bei dieser Hochzeit verkehrte Welt gespielt, die Klassenverhältnisse hatten sich umgestülpt. Nun war es die rheinische Arbeiterklasse, die die verarmten Wohlstandsbauern aus dem Osten von oben herab behandelte. Und mein Vater wurde, weil die Schäferei finanziell nichts einbrachte, gewissermaßen zwangsproletarisiert, er verdiente nun sein Geld als Schichtarbeiter bei der Post, musste nachts Pakete aus vollen Güterwaggons ausladen, bis ihn einige Jahre später eine Hirnblutung auf lange Zeit in die Knie zwang und meine Eltern dadurch für viele Jahre den Anschluss an die allgemeine

Wohlstandsentwicklung in der Adenauer-Ära verloren. Als deine älteste Schwester geboren wurde, fährt meine Mutter fort, mussten wir zu dritt in einer kleinen Dachmansarde leben, das war kein Zustand. Und dann bin ich zwei Jahre später wieder schwanger geworden, wir waren verzweifelt. Das Kind musste weg, so viel war klar, wir hätten es auf keinen Fall geschafft. Sie sagt das ohne jede Reue, als einfache soziale Tatsache. Ich höre nicht mal eine leise Spur von Zerknirschtheit heraus. Jetzt dreht sich die Stimmung wieder einmal in unserem Gespräch, registriere ich, vermutlich werde ich nun einen weiteren Akt der Selbstoffenbarung erleben, wie er früher in dieser Offenheit zwischen uns nicht möglich gewesen wäre und nun so verblüffend selbstverständlich erscheint. Ich bewundere ihre Rückhaltlosigkeit jenseits der Konvention, ihre innere Freiheit, die nichts mehr von allen nur denkbaren Rücksichtnahmen wissen will. Und dazu diese heitere Gelassenheit, die daraus schöpft, mit milder Selbstdistanz annehmen zu können, was gewesen ist und sich nicht mehr ändern lässt. Wo sie doch früher oft so getrieben schien von einer inneren Unruhe, als müsse sie ganz viele Lebensoptionen nachholen, die sich früher für sie nicht realisieren ließen. Sie beschenkt mich mit ungeschminktem Sprechen. Sie ist unbesorgt um das Bild von sich, das sie hinterlassen wird. Sie muss in den vergangenen

Wochen, auch wenn ich nicht bei ihr war, noch einmal in Ruhe ihr ganzes Leben neu bedacht und geprüft haben. Anfangs schien es mir noch so, als würde sie erzählen, weil sie es muss, als ob ein innerer Druck sie dazu zwänge, doch nun bin ich mir sicher, dass sie spricht, weil sie es möchte. Sie ist wirklich frei. Sie hat sich dort hingearbeitet, indem sie nach und nach erfahren konnte, dass sich durch das Sprechen ihre Wirklichkeit selber verwandeln lässt. Was für eine schöne Lektion über die Chancen am Lebensende, die zu lernen sie mir ermöglicht. Das ist es doch, was ich festhalten möchte, indem ich alles notiere, was sie Tag für Tag zur Sprache bringt. Sie wird spät Autorin ihres eigenen Lebens, gewinnt dadurch an Autonomie, obwohl ihr leidender Körper sie täglich mehr dazu zwingt, zugleich Autonomie abzugeben. Sie hat also abgetrieben, und jetzt ist der Moment gekommen, um die alte Geheimniskrämerei zu beenden. Es wirkt auf mich so, als ob sie sich vorgenommen hätte, heute darüber zu sprechen. Ich sage nichts, weil ich spüre, dass sie gleich unaufgefordert den Faden aufnehmen wird. Sie wird gewiss nicht herumdrucksen, sie sammelt sich nur. Du weißt doch noch, wo im Unterdorf gleich am Bach früher die Arztpraxis war, beginnt sie. Die Brücker Frauen wussten, was mit dem Doktor los ist, er war schwer morphiumsüchtig, hat sich immer selber gespritzt, und das Geld für die Drogen hat er mit illegalen Abtreibungen finanziert. Er ließ sich von uns Frauen schwarz bezahlen. Er war der Brücker Engelmacher, so hieß das damals, er hat unsere Not ausgenutzt. Kurze Pause, ein Kopfschütteln. Irgendwie wussten es alle, aber niemand durfte es wissen. Übrigens war mein Opa schon bei ihm in Behandlung, der Doktor hat ihm nach dem Ersten Weltkrieg jede Woche den vom Gas im Schützengraben von Verdun vergifteten Magen ausgepumpt. Aber Abtreibung war doch eine Straftat, entgegne ich, das muss sehr brisant für dich und auch den Arzt gewesen sein, wie kam es denn dann, dass alle Frauen wussten, an wen sie sich in ihrer Verzweiflung heimlich wenden konnten? Das war halt damals so, antwortet sie knapp, wir haben über solche Dinge in Andeutungen gesprochen, und dann wusste jeder damit umzugehen. Ich war ja sogar zweimal bei ihm, das erste Mal 1954, das zweite Mal ein Jahr nach deiner Geburt. Du weißt ja, dass du auch nicht gerade ein Wunschkind warst, ist für dich kein Geheimnis. Sie lächelt mich an, kann sicher sein, dass ich ihr diese Bemerkung nicht übel nehme. Denn nicht gewollt gewesen zu sein, hieß in meinem Fall nie, nicht angenommen worden zu sein. Noch ein viertes Kind hätten wir einfach nicht geschafft, fügt sie hinzu. Ja, ich wusste es schon lange, dass ich kein Wunschkind war, denn oft haben meine Eltern davon erzählt, von welch schwierigen wirtschaftlichen Verhältnissen auch noch meine ersten Lebensjahre in den frühen 1960er-Jahren geprägt waren. Das Zimmer in der Königsforststraße mussten meine Eltern mit meiner ältesten Schwester 1956 nach dem für die Familie schmerzhaften Verkauf des Hauses verlassen, da war gerade meine zweite Schwester unterwegs, danach folgten zehn Jahre ganz in der Nähe in einem baufälligen Haus am Lehmbacher Weg, das längst nicht mehr steht. Der Holzboden dort war geborsten, die Fenster ließen sich nicht schließen, das Plumpsklo lag in einem Verschlag auf dem Hof zur Straße hin, sodass wir, wie hinterher oft in meiner Familie erzählt wurde, es uns zur Gewohnheit machten, erst mal zu prüfen, ob keiner guckt, bevor wir aufs Klo gegangen sind. Wir haben uns immer geschämt, hat meine Mutter kürzlich noch gesagt, und diese Scham resultierte daraus, dass andere zu diesem Zeitpunkt bereits deutlich komfortabler lebten, mit Zentralheizung und einem Opel Kadett vor der Tür. Irgendwann fing das an, meinte sie, dass wir belächelt wurden, weil wir immer noch mit dem Fahrrad fuhren, kein Telefon und keinen Fernseher hatten. Diese Bemerkung meiner Mutter habe ich für mich so gedeutet, dass Klassengesellschaften auch dann soziale Härten produzieren, wenn es nicht um nackte Existenznot geht, denn die hatten wir ja nicht. Es ist der

Wohlstand der anderen, das Muster des sozialen Vergleichs, das das Gefühl fehlender Zugehörigkeit aufkommen lässt. Neben dem Plumpsklo befand sich der Stall mit den Kaninchen, und dort drinnen gab es einen Heizkessel und eine Zinkwanne. Einmal die Woche wurde gebadet. Meine Mutter hat mich dann, während das heiße Wasser in die Wanne lief, mit nackten Füßen zu den Kaninchen ins Heu gestellt, damit ich mich nicht verbrenne. In dem abbruchreifen Haus selber gab es nur ein kleines Waschbecken in der Wohnküche. Bis zu meiner Geburt hatten meine Schwestern ein winziges Zimmer mit Doppelstockbett für sich, danach musste mein Vater die Tür ausbauen, damit mein Kinderbett auch noch notdürftig hineinpasste. Verhältnisse, denen meine Eltern, sobald es ging, entfliehen wollten, die für uns Kinder aber im Rückblick gar nicht bedrückend waren, weil unser Lebensmittelpunkt der große Selbstversorgergarten war, die vielen Früchte im Sommer, der nie zu enden schien, die Schaukel, die Kaninchen im Stall, die Möhren, die im Herbst zum Überwintern in unserem Sandkasten verbuddelt wurden, und auch der benachbarte kleine Friedhof, der ein verbotener Spielplatz für uns war. Hinter dessen Grabsteinen versteckten wir uns, wenn wir heimliche Zeugen von Beerdigungen sein wollten, die so schön gruselig wirkten, weil dann geheimnisvolle Männer in Schwarz am offenen Grab geheimnisvolle Sätze von Asche und Staub murmelten. Wir waren zu jung für soziale Scham, und das Frieren im Winter spielt in der Erinnerung keine Rolle. Als ich zur ersten Abtreibung in die Arztpraxis gegangen bin, fährt sie fort, war Väterchen in der Nachtschicht. So etwas musste ja gemacht werden, wenn es draußen dunkel war, außerhalb der Sprechzeiten, und man durfte auf keinen Fall gesehen werden. Als der Doktor fertig mit der Abtreibung war, konnte ich noch eine Viertelstunde bei ihm auf der Pritsche liegen bleiben, mich ein bisschen erholen, und dann hat er mich hinausgebeten, und ich musste völlig erschöpft zu Fuß den Berg hoch in die Königsforststraße laufen. Ich habe mich durch den Ort geschlichen. Nein, eher geschleppt. Und zu Hause durften meine Eltern auch nichts mitkriegen, denen habe ich meine Schwangerschaft verschwiegen. Ich bin dann auf Zehenspitzen die Treppe hoch, damit sie nicht wach wurden. Was für eine dunkle Zeit, es gab die offenen Geheimnisse, und es gab das systematische Beschweigen von allem, was tief ins Innere trifft. Kein Wunder, dass die Gesichter auf den Fotos dieser Zeit so leer aussehen. Sie muss verwundet dagelegen haben, als das abgetriebene Kind schon bei den Engeln war, Wand an Wand mit den ahnungslosen Eltern, der eigene Mann auf der Arbeit und auch allein gelassen von einem Arzt, den seine Drogensucht zum seelenlosen Handwerker gemacht hatte, dessen Beistand endete, sobald das Technische erledigt und das Schwarzgeld überreicht war. Immerhin war sie im Schweigenkönnen zu diesem Zeitpunkt längst bestens trainiert. Eine Woche später, unterbricht meine Mutter meine Gedanken, musste der Arzt dann doch heimlich zu uns nach Hause kommen, weil ich es nicht zu ihm geschafft hätte. Er hat dann in unserem Zimmer die Ausschabung gemacht, und Väterchen musste dabei meine Beine festhalten. Sie sagt es so, als ob er in diesem Moment die größere Last zu tragen gehabt hätte. Und in mir entsteht beim Zuhören ein Bild von dieser Situation, das ich nicht noch genauer ausgemalt haben möchte. Vom zweiten Mal kurz nach deiner Geburt muss ich ja nicht mehr groß erzählen, schließt sie, und bald darauf gehörte ich zu den ersten Frauen, an denen mit der Pille experimentiert wurde. Diese ersten Versuchspillen waren sehr stark, aber als der Doktor mich gefragt hat, ob ich bereit sei, das Versuchskaninchen zu spielen, habe ich gar nicht lange überlegen müssen. Ich habe damals gedacht: Von irgendetwas gehe ich sowieso kaputt.

*

Eine einzige Sekunde genügt, um unsere Wochen des Erzählens jäh zu beenden. Ich werde sie nicht mehr in dem verschlissenen grünen Polstersessel sitzen sehen. Nie mehr. Schon am Morgen, als ich bei ihr gewesen war, hatte ich ein schlechtes Gefühl. Wieder hatte sich nachts die Übelkeit bei ihr bemerkbar gemacht, sie konnte es auch diesmal nicht ertragen, sich die Hand zur Beruhigung auf den Bauch zu legen. Es entstand zwischen uns eine Stimmung, als läge Abschied in der Luft. Sie wirkte traurig und in sich gekehrt, machte gar nicht erst den Versuch, Worte dafür zu finden, was ihr durch den Kopf ging. Wollte auch nicht mehr von früher erzählen, obwohl ihr dies bislang doch so gutgetan hatte. Wir sind durch mit meinen Geschichten, hatte sie knapp gesagt, ich habe dir alles erzählt, was du wissen musst, du brauchst dein Heft nicht mehr mitzubringen. Das war kein Trotz und keine Übellaunigkeit, dachte ich, das schien mir wohlüberlegt als Nachwirkung unseres letzten Gesprächs. Sie hat tatsächlich ihre Inventur beendet und nichts mehr gefunden, was ihr wichtig ist mitzuteilen. Der Vorratsspeicher aus Ereignissen und Wendepunkten, den sie vor unseren täglichen Begegnungen angelegt hatte, um gut vorbereitet zu sein, ist nun leer, auch wenn ich mich erneut darüber wundern mag, dass fast immer nur von Tragödien die Rede war, fast nie von kleinen Momenten des Glücks im Leben. Die waren früher wichtiger. Wie oft hat sie geschwärmt von ihren Bergtouren mit meinem Vater in der

Schweiz, bei denen sie wohl das erlebt hat, was man heute eine Flow-Erfahrung nennt. Mit glänzenden Augen hat sie vom Glück der Verausgabung berichtet. Und nun nichts mehr davon. Ob dies zur Bilanzballade auf der letzten Wegstrecke gehört, dass dieser flüchtige Stoff, für den wir das abgenutzte Wort Glück verwenden, keine bedeutenden Spuren mehr in der Erinnerung hinterlässt? Dass diese Augenblicke größter Intensität, von denen wir uns wünschten, sie könnten verweilen, in denen die Uhren nach unserem Empfinden tatsächlich eine Zeit lang stehen bleiben, beim weitausgreifenden Blick zurück längst aus der erinnerten Zeit gefallen sind? Oder war es ihr bis zu diesem heutigen Schlusspunkt nur wichtig, das mitzuteilen, was auf diesem Leben gelastet hat, und nun ist sie frei? Auch frei zu gehen? Weil der Akt des Aussprechens die verblüffende Wirkung hat, das Ausgesprochene auf Distanz zu bringen? Beides konnte ich an ihr beobachten: Wie sie beim Erzählen das Geschehen von damals ein weiteres Mal durchlebt, auch qualvoll durchlebt. Das ist der Schmerz der Erinnerung, und wie oft hat er ihr in den vergangenen Wochen im Gesicht gestanden. Aber auch, wie es ihr dadurch gelang, sich selbst allmählich von außen wahrzunehmen, aus der Perspektive der dritten Person, die neugierig darauf schaut, wie viele Härten ein Mensch aushalten kann, ohne aufzugeben, die das eigene

Leben letztlich für ein merkwürdiges Kuriosum hält. Daher auch das Heitere und Gelassene in ihren Schilderungen. Das, was gewesen ist, was sie erlitten hat, ist jetzt Geschichte. Die erzählte Geschichte ihres Lebens, von der sie sich vermutlich wünscht, dass sie auch nach ihr weitererzählt wird, wenn sie selbst nicht mehr die Autorin dieses Lebens sein kann. Deshalb ihre Freude über mein Notieren in der Kladde, dort werde ich Spuren hinterlassen, mag sie vielleicht denken. Und den Schlusspunkt hat sie dort gesetzt, wo meine Lebensgeschichte beginnt, ob sehr bewusst oder intuitiv, kann ich im Moment nicht entscheiden. Im Grunde hat sie in den vergangenen Wochen nichts anderes getan, als mir meine eigene Vorgeschichte zu erzählen. Das, was ich in ihren Augen wissen muss, um mich selber ein bisschen besser zu verstehen. Die Notizen in meiner Kladde sind nun gewissermaßen die Archäologie meines Lebens. Ich habe die Hoffnung, dass sie mir auch später noch helfen werden, eigene Kindheitsmuster besser zu erkennen. Das ist die Erbschaft, die meine Mutter durch ihr Erzählen gerade noch rechtzeitig verteilt hat, im Gegensatz zu vielen anderen ihrer Kriegskinder-Generation, die es nicht mehr geschafft haben oder gar nicht wollten, weil sie es bis zum Schluss vorzogen, im Schutzpanzer des Schweigens zu bleiben. Um den Preis, dass sie ihre Kinder mit vielen offenen Fragen zurücklassen, die sich nie mehr werden beantworten lassen. In meiner Generation sitzt der Schmerz tief, und auch die Reue, dass bestimmte Gespräche nie geführt und bestimmte Fragen nie gestellt worden sind. Wie froh ich bin, dass wir diese Pathologie der Sprachlosigkeit rechtzeitig hinter uns lassen konnten! Und wie erkennbar froh meine Mutter zuletzt war. Eigentlich ist sie selbst schon fast Geschichte, obwohl sie noch da ist. Von einer Aufregung in die andere geraten, so hat sie das Leitmotiv ihres Lebens beschrieben. Und diese Aufregungen waren echte Klippen, auf denen sie leicht hätte abstürzen können. Mein Vater hat sich in den Jahren vor seinem Tod an dem oft wiederholten Satz festgehalten, er habe im Leben doch immer nur Glück gehabt. Er sagte es mit stets neuem Staunen, als sei dieser Satz wie ein überraschender Geistesblitz in ihn gefahren, er lauschte dem Klang seiner eigenen Wörter nach, als ob er es selber kaum glauben könne, was er da gerade gesagt hat. Jedes Mal schwangen dann in seinen Worten aufrichtige Dankbarkeit und Demut mit. Dieser Satz war sein Geländer. Ich habe im Leben doch immer nur Glück gehabt. Neun immer gleiche Wörter wie ein rasch wirksames Heilmittel. Aber Glück hieß bei ihm, dass das Schlimmste so gerade noch vermieden werden konnte, denn mit gleichem Recht hätte er sein Leben auch als eine Abfolge von Tiefschlägen beschreiben können.

Eine große Gabe, nicht in diese Falle der Selbstdeutung zu tappen, sondern sich an dem aufzurichten, was das Weiterleben möglich gemacht hat. Wenn man bereit ist, schon die Abwesenheit von Schmerz als eine Form von Glück zu betrachten, dann wäre er darin ein Meister gewesen. Mein Vater hatte schon Jahre vor seinem Tod ein starkes Bewusstsein dafür, dass er, obwohl noch lebendig, eigentlich auch schon Geschichte war, ein Übriggebliebener, weil ihm seine Art zu denken und zu leben kaum noch in die heutige Zeit zu passen schien. Er hatte verstanden, dass man als älterer Mensch mit jedem Tag ein Stück weiter hinauswandert aus dieser Welt, also täglich Nichtzugehörigkeit zu spüren bekommt und irgendwie positiv adaptieren muss, um darüber nicht bitter zu werden. Viele kleine Tode als Vorlauf zum wirklichen Sterben. Und er war klug genug, um diese Einsicht nicht in eine Anklage der Enkelgeneration zu verwandeln. Das ist eure Zeit und nicht mehr meine. Früher war nicht alles besser, aber früher war alles anders. Ihm war klar, dass auch so ein langes Menschenleben wie das seine eigentlich nicht mehr ausreicht, um die rasante Beschleunigung aller Lebensverhältnisse innerlich mit vollziehen zu können. Täglich wurde er mehr zum Fremdling in dieser Welt. Das ist alles Zeitgeschichte, hatte er zuletzt häufig gesagt, und mit dem Kopf geschüttelt, wenn er sich die Ereignisse in dieser Welt nicht mehr gut erklären konnte. Damit müsst ihr fertig werden. Und immer steckte in dieser knappen Bemerkung mit drin, dass auch das, was heute wichtig scheint, schon morgen zur Randnotiz wird. Alles nur Zeitgeschichte. Aber solange das Essen schmeckt, geht es einem gut. Das war sein unausgesprochenes Glückskonzept.

Am Morgen also die Ankündigung meiner Mutter, dass es mit dem Erzählen genug sei, aber ich komme nicht mehr dazu, den Ernst dieser Aussage zu überprüfen, denn am frühen Abend ist nun tatsächlich alles anders. Sie liegt hilflos auf dem Boden und kommt nicht mehr hoch. Sie muss über eine Falte im Teppich gestürzt sein, die Krücke, mit der sie sich schon länger auch in der Wohnung beim Gehen abstützt, war ihr beim Sturz keine Hilfe mehr. Sie jammert vor Schmerzen und steht offenkundig unter Schock. Mach mir das Bein wieder richtig, wiederholt sie immer wieder, es sieht verdreht aus, und sie hat die Körperkontrolle vollkommen verloren. Mach mir doch das Bein wieder gerade! Sie klingt jetzt zornig, voller Ungeduld, erwartet offenbar, dass ein einfacher Handgriff genügt, um alles wieder gutzumachen, dabei habe ich sofort gesehen, dass Schlimmes passiert ist und nichts wieder gut werden wird. Eine einzige Sekunde der Unachtsamkeit, und ihre heitere Gelassenheit, die so kostbar war in den vergangenen Monaten, ist dahin. Dies ist ihr

Zusammenbruch, unverkennbar. Was wir zuletzt miteinander geteilt haben, diese Intensität und Innigkeit im Beieinandersein, wie wir sie in all den Jahrzehnten zuvor vielleicht nie gehabt haben, wird nicht wiederkehren, ich spüre es überdeutlich. Und fühle mich hilflos, weil schon eine leichte Berührung ihres verdrehten rechten Beins genügt, um sie vor Schmerz aufstöhnen zu lassen. Sie könnte jetzt schreien, so arg wird es wohl sein, stattdessen höre ich nur ein verzweifeltes *Au wi,* das ich von ihr nur kenne, wenn sie kurz davor ist, ihre Selbstbeherrschung sogar im Schmerz aufzugeben. Seltsam, dieses *Au wi* als Variante von oh weh, auch von meinem Vater kannte ich diesen Ausruf in ähnlichen Situationen. Sofort erscheint ein Bild von seinem verzerrten Gesicht, als er einen schlimmen Moment bei der Behandlung seines entzündeten Ohrs überstehen musste. Was der Arzt da vorhatte, mit der Zange in der Hand, tat mir vom bloßen Zuschauen schon weh, aber auch aus dem Mund meines Vaters kam damals nur ein wimmerndes *Au wi.* Offenbar einigen sich Paare stillschweigend auf eigene Codes, auf eine gemeinsame Sprache des Schmerzes und der Verzweiflung, die im Ernstfall mit wenigen Signalen auskommt, denke ich. Als Ersatz für eine wirkliche Sprache der Gefühle, über die diese Generation kaum verfügt. Ich hänge mit drin in ihrem Schock, fühle mich selbst gelähmt und unfähig, etwas zu entscheiden. Das gilt auch für meine Geschwister, die schnell gekommen sind. Wir stehen da wie Pik sieben, versuchen, sinnvoll zu beraten, drehen uns im Kreis bei der Frage, ob wir den Rettungswagen rufen sollen oder nicht, während meine Mutter immer noch hilflos auf dem Rücken liegt, weil wir nicht wissen, wie wir sie hochkriegen sollen, ohne ihr wehzutun. Mach mir doch das Bein wieder richtig, ich will aufstehen! Wieder scheitere ich daran, meiner Mutter den Zorn zu nehmen. Als Einzige im Raum hat sie noch nicht verstanden, dass ihr Leben sich nun schlagartig verändern wird. Mit ihrer eigenen schürt sie auch unsere Nervosität. Dann klingelt der Mann vom Roten Kreuz, der eigentlich nur gekommen ist, um wie gewohnt dreimal am Tag ihren Blutzucker zu messen. Er sieht, was geschehen ist, und gerät sofort außer sich, beginnt stark zu schwitzen, seine Stimme überschlägt sich. Ich habe für jeden Patienten nur ein paar Minuten, klagt er, und ausgerechnet heute gibt es bei sechs Patienten Vorfälle! Er herrscht uns an, als ob wir Schuld an ihrem Sturz hätten und ihm den Feierabend missgönnten. Dann besinnt er sich. Ich bin mit den Nerven runter, bekennt er und sieht tatsächlich so aus, als würde er gleich in Tränen ausbrechen. Wir bitten ihn um seine Hilfe, meine Mutter aufs Sofa umzulagern, damit sie dort ein wenig zur Ruhe kommen kann, bevor wir eine Entscheidung treffen. Das darf ich nicht, entgegnet er scharf, ich hatte schon zwei Bandscheibenvorfälle. Doch dann gibt er Kommando, wie wir ihm assistieren sollen, und hebt sie mit einem resoluten Handgriff von hinten aufs Sofa. Dort wimmert sie weiter, findet in keine schmerzfreie Position, sie muss sich tatsächlich schwer verletzt haben. Wir Geschwister müssen einsehen, dass es unumgänglich ist, den Krankenwagen zu rufen, sie darf hier nicht unversorgt bleiben, obwohl wir gleichzeitig befürchten, dass sie dann in der Klinik in eine Maschinerie gerät, die alle unsere Vorstellungen von einem guten Lebensende zur Makulatur macht. In diesem Punkt hatten wir untereinander immer einen guten Konsens: keine Lebensverlängerung um jeden Preis, sich lieber zum Ende hin in der Kunst des Lassenkönnens üben. Das Sterben meines Vaters hatte uns in dieser Haltung zusätzlich bestärkt. Wir waren froh, dass die Wand, in deren Richtung er sich gedreht hatte, als er von unserer Welt nichts mehr wissen wollte und auch nichts mehr von den Misteln im Baum, die er vorher so lange durchs Fenster stumm betrachtet hatte, von ihm selber tapeziert worden war. Gerade meiner Mutter war es wichtig gewesen, dass er seine Sterbestunde nicht in einer Klinik erleben musste. Wie gut, dass er zu Hause war, hatte sie in den Monaten danach immer wieder gesagt. Stell dir nur vor, er wäre nicht mehr aus dem Krankenhaus rausgekommen, wie schlimm. Und obwohl sie selber ja nie offen über ihren bevorstehenden Tod gesprochen hat, von Andeutungen abgesehen bis heute nicht, gibt es für uns keinen Zweifel, dass sie für sich selbst den gleichen Wunsch hegt. Aber jetzt ist vielleicht alles mit einem Federstrich durchkreuzt, nur durch diese eine fatale Sekunde. Etwas in mir rebelliert gegen diese Situation, ich habe Mühe, sie anzunehmen. Der Anruf beim Notarzt kommt mir wie eine Kapitulation vor, eine kollektive Ohnmacht hat sich bei uns im Zimmer eingenistet. Dass es sehr bald einen Zusammenbruch geben würde, war uns allen klar, das Gewächs in ihrem Körper reklamierte ja täglich mehr Macht über sie, und die Gnadenfrist, die die Ärzte prognostiziert hatten, war längst überschritten, jeder weitere Tag seitdem ein Geschenk. Aber dass nun ausgerechnet ein blöder Sturz eine neue, finstere Realität schafft, kommt mir vollends absurd vor. Der Krebs wird sie doch sowieso besiegen, warum nun auch noch dies? Ein Gefühl tiefer Sinnlosigkeit macht sich in mir breit, dieser Weg des Sterbens, der sich nun bei ihr vermutlich deutlich beschleunigen wird, bemüht sich erst gar nicht um freundliche Tarnung. Wir werben bei ihr um Vertrauen, dass es gut sei, ins Krankenhaus zu gehen, in einem erzwungen ruhigen Ton, der die eigene Nervosität wohl nur notdürftig verdeckt, denn uns selbst fehlt dieses restlose Vertrauen. Sie wird hier gleich rausgetragen, denke ich, und wer weiß, ob sie ihre vertraute Umgebung jemals wiedersehen wird. Im Krankenhaus bestätigt sich schnell, dass der Oberschenkelhals gebrochen ist. Diese verfluchte Sollbruchstelle, die so oft alten Menschen den verbliebenen Rest an Lebensqualität raubt. Wenn wir nicht operieren, beschwört uns die Ärztin, dann wird sie an inneren Verletzungen durch den gebrochenen Knochen kläglich zugrundegehen, mit schlimmen Schmerzen. Es gibt keine Wahl. Immerhin wissen wir nun also, dass es wirklich keine Alternative gibt, das Dilemma einer Entscheidung zwischen zwei Übeln bleibt uns erspart. Es gibt nur dieses eine große Übel, sie muss in eine Operation hinein, von der wir nicht wissen können, ob sie sie überleben wird, und auch nicht, ob wir ihr das überhaupt wünschen können. Denn in welcher Verfassung sie nach diesem schweren Eingriff und einer stundenlangen Vollnarkose ihre Augen noch einmal öffnen wird – es fehlt uns gerade die Fantasie für eine auch nur halbwegs zuversichtliche Antwort. Sie ist am Ende ihres Lebens, höre ich die Ärztin fortfahren, es geht jetzt nur noch um ein Stück Lebensqualität. Ihre Worte erreichen mich wie durch einen dichten Nebel, ich meine mich verhört zu haben. Das kann sie doch nicht ernst gemeint haben, jetzt noch von Lebensqualität zu sprechen. Wieder meldet sich ein leiser Groll. Doch, beharrt sie auf meine Nachfrage, es macht einen gewaltigen Unterschied, ob sie so wie jetzt nur noch daliegen oder noch einmal sitzen, vielleicht sogar stehen kann. Also stehen können, das ist das ehrgeizigste Ziel, das allenfalls erreichbar scheint, nicht mehr laufen? Ein stummes Nicken als Antwort. Dann fragt sie nach einer Vorsorgevollmacht. Wer denn für meine Mutter entscheiden könne, falls sie selbst dazu nicht mehr imstande sei. Wir drei Geschwister schauen uns ratlos an, die gibt es nicht, müssen wir einräumen. Alle unsere Versuche, mit ihr darüber zu sprechen, seien in den vergangenen Jahren ins Leere gelaufen. Mir fällt wieder ein, dass wir vor Jahren einmal an dem Punkt mit ihr waren, dass sie doch bereit schien, sich mit ihrer Endlichkeit auseinanderzusetzen. Die Papiere lagen schon auf dem Tisch, sie hätte sich nur entscheiden müssen, wer von uns es denn sein soll, und dann unterschreiben. Auch eine Patientenverfügung, in der sie ihre Wünsche hätte formulieren können, wie im Notfall, falls es um Leben und Tod geht, zu verfahren sei, haben wir ihr nahegelegt. Damals lebte mein Vater noch und bedrängte sie, weil er uns an seiner Seite wusste, dem, was da kommen könne und kommen werde, endlich ins Auge zu sehen. Aber untereinander konnten sie darüber nicht gut sprechen, die Kommunikation lief immer über Eck. Er hatte sich entschieden und lange vorher bereits alles geregelt. Das passte zu seinem oft wiederholten Satz, in dem er von sich in der dritten Person sprach: Der Kerl ist verschlissen. Sein Signal an uns, dass ihm sehr bewusst war, wie nah ihn jeder weitere Tag dem Tod bringt, und dass wir dies in seiner Gegenwart nicht wie eine Peinlichkeit beschweigen müssten, sondern eingeladen waren, mit ihm vertieft darüber zu reden. Er hatte schließlich am eigenen Leib erfahren, dass das Sprechen Knoten lösen kann. Meine Mutter blätterte damals eine Weile in den Papieren, überflog nur flüchtig, was da stand, über Beatmung, Magensonden und Wachkoma, sie schien abwesend zu sein, als habe das alles nichts mit ihr zu tun. Dann hob sie den Kopf, legte den Stapel wieder auf den Tisch und rief entschlossen, dass das alles noch Zeit habe und sich finden werde. Wir saßen konsterniert da, waren auch erbost, weil sie durch diese erneute Vertagung möglicherweise auch uns in künftige schwere Krisen mit unklarer Verantwortung mit hineinziehen würde, aber ihr Entschluss schien in diesem Moment unumstößlich. Lasst mich damit in Ruhe, hatte sie noch entnervt hinzugefügt, wir wussten sofort, dass Widerrede sinnlos war. Aber kann einen das Wissen um die eigene Endlichkeit dauerhaft in Ruhe lassen? Oder ist dieses Wissen wie ein böser Kläffer, der sich nicht ewig einsperren lässt, sondern irgendwann, je länger man ihn im

Zwinger gehalten hat, mit umso größerer Wut und Aggression vor einem steht? Ohne sich eingehender damit beschäftigt zu haben, sind meine Eltern zwei unterschiedlichen Weisheitslehren mit jeweils jahrtausendealter Tradition gefolgt, wie man mit der Furcht vor dem Tod umgehen kann. Die eine plädiert dafür, sich schon frühzeitig dem Sterbenlernen zu widmen, indem man kostbare Lebenszeit dafür opfert, möglichst oft an den eigenen Tod zu denken. Memento mori, bedenke, dass du sterben wirst. Führe jedes Gespräch so, als ob es das letzte wäre. Eine ständige Selbstermahnung in der Hoffnung, dass durch diese tägliche Übung, durch Gewöhnung, der Tod seinen Schrecken verliert, oder zumindest einen Teil seines Schreckens. Zudem in der Hoffnung, dass die tägliche Präsenz des Gedankens von der Kürze des eigenen Lebens helfen kann, dieses Leben wesentlich zu machen, sich auf Wichtiges zu konzentrieren und sich nicht in Belanglosigkeiten zu verlieren. Dann auf einmal, hat beispielsweise der römische Stoiker Seneca behauptet, wird das Leben paradoxerweise doch lang, wenn man es klug zu nutzen versteht. Wer aber so lebt, als würde er ewig leben, verschwendet seine Zeit. Und dann kann einen der Tod ausgerechnet in einem Moment erwischen, den man wieder mal mit banalem Alltagskram vertändelt hat. Ich bin bereit. Dieser Satz meiner Tante hätte Seneca gewiss gefallen. Eine andere

Tradition der Weisheitslehre hält wiederum diese Fixierung auf den Tod für Zeitverschwendung. Gewöhne dich an den Gedanken, dass der Tod uns nichts angeht, heißt es etwa bei Epikur. So viel Aufmerksamkeit für etwas, das sich ohnehin nicht verhindern lässt? Das schien den Kritikern der stoischen Lebenskunst auf Kosten der Freude am Leben zu gehen. Lieber eine möglichst angenehme Zeit auskosten, als sich ständig mit dem schauerlichsten Übel zu beschäftigen. Denn wer kann noch in vollen Zügen genießen, wenn immerzu das Bild vom umgekippten Weinglas im Kopf ist oder gar das vom Totenschädel? Wer ständig versucht, sich auf den Tod vorzubereiten, meinte etwa Francis Bacon, macht seinen Schrecken am Ende nur noch größer. Egal für welchen Weisheitspfad man sich entscheidet, das Wissen um die eigene Endlichkeit berührt unsere Lebensführung und erzwingt eine Haltung. Denn dieses fatale Wissen lässt sich ja nicht ausradieren, der böse Kläffer nicht wegwünschen. Selbst das Verdrängen meiner Mutter ist folglich eine Haltung. Und zwar eine mit erhöhtem Risiko. Sie wollte immer ihre Ruhe vor diesem unangenehmen Thema haben, musste aber in Kauf nehmen, möglicherweise später zum Objekt der Entscheidungen anderer zu werden. Sie hat sich bislang entschieden, nichts zu entscheiden. Vielleicht passt der Begriff Verdrängung hier gar nicht, weil man ihn sofort mit Sigmund Freud verbindet und der Vorstellung, dass da etwas im Bereich des Unbewussten geschieht. Eine Verschiebung, die man selbst gar nicht bemerkt. Aber meine Mutter wird immer sehr genau gewusst haben, was sie da tut, indem sie alles offenhält. Niemand kann mir erzählen, dass sie nicht jeden Tag an den Tod denken würde. Da bin ich mir nach den vielen Gesprächen der vergangenen Wochen, in denen sie das Haus ihrer Erinnerungen entrümpelt hat, inzwischen sehr sicher. Aber was genau momentan in ihrem Inneren geschieht, worum ihre Gedanken über Tod und Sterben kreisen, das hütet sie als ihr kleines Geheimnis. Wenn sie es nicht lüften möchte, hat sie ein Recht auf Diskretion. Aber staunen darüber darf man schon, wie unterschiedlich jeder Mensch mit dieser letzten Reise umgeht, die wir alle als Schicksal und zugleich als Skandal teilen, die wir aber trotzdem allein antreten müssen. Allein auf jeden Fall, schlimmstenfalls sogar einsam. Jeder muss von der Bühne runter, aber jeder geht anders. Und ich habe keine Ahnung, ob diese Blicke in den verzerrten Spiegel für mich eines Tages für irgendetwas gut sein werden. Ob sich das Sterben wirklich lernen lässt durch Beobachtung der anderen, die vor einem gehen. Sehr sonderbar, sehr mächtig, dieser Tod! Jeder Mensch ist kleinzukriegen, war die Formel meines Vaters, schon lange, bevor es für ihn ans Sterben ging.

Und nur die Wenigsten dürften heute noch den wirklich unangefochtenen Glauben haben, dass sie am Ende der Reise ein schönes Ziel erwartet. Selbst Theologen beschränken sich heute darauf, wenn sie klug sind, dies allenfalls als Möglichkeit offenzuhalten. Auch dies macht das Sterben für uns postmoderne Menschen so prekär. Wir müssen das Halteseil loslassen und gehen ins Nichts. Wahrscheinlich. Vor vielen Jahren musste meine Mutter über Monate hinweg mit ansehen, wie ihre Schwester allmählich vom Krebs dahingerafft wurde, unter unerträglichen Schmerzen. Damals wusste man noch fast nichts von den segensreichen Wirkungen der Palliativmedizin. Jeden Tag fiel meiner Mutter der Gang in die Klinik schwerer, sie musste sich vorher betäuben, um den Anblick des Sterbens in seiner grimmigsten Variante ertragen zu können, bis sie sich schließlich inständig wünschte, dass endlich Schluss sei und ihre Schwester friedlich gehen könne. Vor allem aber hatte sie sich darüber gewundert, dass ihre Schwester vom eigenen Ende auch dann noch nichts wissen wollte, als wirklich nichts mehr zu retten war. Da hatten die Metastasen ihr längst die Wirbelsäule gebrochen. Jedes vorsichtige Angebot, ihr Lebensende zu thematisieren, schlug sie aus. Sie bettelte um die nächste, vollkommen sinnlose Chemo. Die Ärzte gaben ihr schließlich Placebo-Infusionen, um ihre falsche Hoffnung nicht zu zerstören, dass noch nichts verloren sei. Von der bitteren Wahrheit wollte sie partout nichts wissen. Über Jahre hinweg hat meine Mutter hinterher über dieses Verhalten den Kopf geschüttelt, das war ihre Lektion über die Macht der Illusion, die ganz zum Schluss bei meiner Tante vermutlich doch zerbrochen sein wird. Ob sie nun auf dem Weg ist, es ihrer Schwester gleichzutun? Inzwischen ist die Ärztin dabei, uns allen die Risiken der bevorstehenden Operation aufzuzählen, es ist ein einziger Gruselkatalog. Wir stehen im Halbkreis um das Krankenbett und hören eine lange Liste aus lauter bedrohlich klingenden Wörtern, die meine Mutter allesamt nicht versteht. Ihren Schock hat sie noch nicht ganz überwunden, und ihre Schwerhörigkeit tut das ihre dazu, dass es sie nicht erreicht, was alles Schlimmes passieren könnte. Vielleicht will sie auch gar nicht so genau wissen, was auf sie zukommt, in ihrem Gesichtsausdruck erkenne ich, dass zumindest eine Spur ihrer heiteren Gelassenheit zurückgekehrt ist. Ab und zu ein sanftes Lächeln, ihr Zorn ist verraucht. Was für ein Geschenk, ausgerechnet jetzt. Sie sieht nun so aus, als würde sie vollends darauf vertrauen, dass wir in dieser Situation die Führung übernehmen. Wir schildern der Ärztin in der Notaufnahme den Gesundheitszustand meiner Mutter, dass der Tumor ihr vermutlich ohnehin nur noch wenige Wochen Aufschub geben wird. Sie muss unbedingt von unseren Sorgen wissen, dass ein Maximum an Intensivmedizin ihr die letzte Etappe unnötig schwermachen könnte. Bauchspeicheldrüsenkrebs im Endstadium, sie nickt und gibt uns ein Zeichen, dass sie die Botschaft gut verstanden hat. Gleichwohl drängt die Ärztin weiterhin auf eine Vollmacht. Wir hier wissen jetzt, was wir tun müssen, wenn das Herz aussetzt oder die Atmung, erklärt sie. Oder besser, was wir lassen würden. Aber ich weiß nicht, wer in drei Tagen Dienst hat. Oft wird auf der Intensivstation an den Apparaten das volle Programm gestartet, aus der Angst heraus, dass wir Ärzte hinterher verklagt werden, vertraut sie uns im Flüsterton an und schaut sich vorsichtig um, ob jemand im Arztkittel mithört. Dann entscheiden manche gegen ihre eigene Überzeugung. Es reicht auch, wenn einer Dienst hat, der klammert und einen todkranken Menschen nicht gut gehen lassen kann. Wir brauchen zur Sicherheit unbedingt etwas Schriftliches. Nun kommt es also doch noch zum Schwur, denke ich, kurz vor dem Finale gibt es für sie und uns keine Chance mehr, ein weiteres Mal Zeit zu kaufen, wir dürfen ihr nicht die Frage ersparen, wer von uns Geschwistern die Verantwortung tragen soll, falls sie in eine Notlage geraten sollte, in der es etwas zu entscheiden gibt, das sie selber nicht mehr entscheiden kann. Ausgerechnet hier, im kalten Kliniklicht, mit dem stechenden

Geruch der Desinfektion in der Nase, ausgerechnet heute, an diesem verfluchten Tag, der ihr sowieso schon so viel genommen hat, steht ihr nun eine weitere Ruhestörung bevor, die eine existenzielle Wucht besitzt. Sie muss ein Bewusstsein dafür bekommen, dass ihr etwas höchst Gefährliches droht, möglicherweise auch der endgültige Abschied von uns, damit sie bereit ist, ihre Unterschrift unter eine improvisierte, schnell mit der Hand geschriebene Vollmacht zu leisten. Dabei wäre es doch jetzt zuallererst unsere Aufgabe, ihr ein Gefühl der Sicherheit zu vermitteln. Mit altbewährten Formeln, die nach Zuversicht klingen sollen. Und ein wenig nach Eltern, die auf ein Kind einreden, das sich ängstigt. Wird schon alles gut gehen, mache dir keine Sorgen. Doch nach diesen Stanzen werden wir erst später greifen dürfen, wenn dies hier geklärt ist. Nacheinander suchen wir Geschwister nach passenden Worten auf dem Hochseil. Manche klingen sehr ernst, andere versuchen wieder zu beschwichtigen. Zwischendurch habe ich das Gefühl, dass sie nur hört, was sie hören will. Die Angst erreicht sie gar nicht, und das ist gut so. Trotzdem scheint sie zu spüren, dass wir diesmal nicht lockerlassen werden. Am Ende würgen wir fast die Frage heraus, wer es denn nun sein soll. Jetzt könnte man die Luft schneiden, denke ich in die Schweigepause hinein. Du hast drei Optionen, sag jetzt bloß nicht, dass wir dich in Ruhe lassen sollen! Sie schaut der Reihe nach in unsere Gesichter, dann macht ihr Blick bei mir halt, und sie sagt entschlossen: Das machst du.

*

Ich wünsche ihr, dass sie die Augen gar nicht mehr aufmacht. Eine meiner Schwestern hat gestern Abend ausgesprochen, was wir wohl alle zumindest versuchsweise im Stillen gedacht haben, nachdem wir uns in der Klinik von unserer Mutter verabschiedet hatten. Bis morgen, hatten wir ihr zugerufen, mit einer aufgesetzten Fröhlichkeit, die die eigene Angst mühselig tarnen sollte. Der Satz meiner Schwester war fürsorglich gemeint, sie konnte sich kein gutes Morgen nach einer so schweren Operation für meine Mutter mehr vorstellen, angesichts ihres Krankheitszustandes auch kein leichteres Sterben als das unter Vollnarkose, und doch hätte ich den Satz nicht über die Lippen gebracht. Nicht etwa, weil er mir ungehörig schien. Der Gedanke, dass ein Tod, der sie im tiefen Schlaf erreicht, eine gute Fügung für sie sein könne, ist ja gar nicht abwegig. Aber dennoch, ich war innerlich nicht bereit, sie so schnell gehen zu lassen. Dieses Tempo passte überhaupt nicht zur Langsamkeit des Erinnerns und Bilanzierens der vergangenen Wochen, die wir gemeinsam genossen haben, zu den vielen Schweigepausen, die uns das trügerische Gefühl gaben, dass es auf die Zeit gar nicht mehr ankam, weil wir endlos daraus schöpfen könnten. Dabei hatte ich doch anfangs noch gedacht, sie müsse sich beim Erzählen beeilen, damit der Krebs nicht schneller arbeitet als ihr Gedächtnis. Gestern Abend, nach ihrem Zusammenbruch, ahnte ich zwar, dass diese Zeit des Einklangs unwiderruflich vorbei wäre, aber es gab da nach dem Abschied im Krankenhaus einen starken Impuls zu klammern an dem, was war, und diese neue Realität einstweilen wie eine Falschnachricht zu behandeln. Eine innere Rebellion gegen die Tatsache, dass der Tod sich nicht nach unseren Wünschen richten wird. Vermutlich wird er nie gelegen kommen, immer zu früh oder zu spät. Und nun stehe ich an ihrem Bett im Aufwachraum und versuche mir ein Bild davon zu machen, was es für sie heißen mag, doch überlebt zu haben. Man hat mir einen grünen Kittel, eine Haube und Überzieher für die Schuhe in die Hand gedrückt, bevor ich reindurfte. Eine Krankenschwester bewegt sich zwischen den Betten mit frisch Operierten immer dorthin, wo es gerade piept. Nun kommt sie zu mir und versichert, dass alles gut gelaufen sei. Bleiben Sie nur ein paar Minuten, rät sie mir, geben Sie ihr die Zeit, wieder zu sich zu kommen. Meine Mutter wirkt unruhig, findet für ihren Kopf keinen guten Platz auf dem

Kissen, manchmal höre ich ein leises Stöhnen. Dann wirkt sie plötzlich für einen Moment sehr klar und fragt, wann sie aus dem Bett rauskönne. Wie lange es dauern würde, bis sie es wieder zu Fuß die Treppe hoch in ihre Wohnung schafft. Anstatt die Wahrheit zu sagen, wahrscheinlich nie mehr, flüchte ich ins Unbestimmte. Wir müssen schauen, wie alles wird. Ich bin froh, dass ihr die Kraft fehlt, um hartnäckiger nachzufragen. Das gilt auch für den nächsten Tag, an dem sie eigentlich nur von ihrer großen Müdigkeit spricht. Kein Gedanke ans Aufstehen. Am dritten Tag hat sie die Intensivstation aber bereits verlassen und liegt nun glücklicherweise allein in einem Krankenzimmer. Ich habe gut geschlafen, lautet ihr erster Satz, mit dem sie mich morgens begrüßt. Aber sie sieht nicht ausgeschlafen aus, sondern mit einem kräftigen Schub um Jahre gealtert, wenn ich ehrlich bin, wie eine müde Greisin. Ich gewöhne mich überraschend schnell an diesen Anblick, auch wenn er anfangs ein kleiner Schock ist, den ich vor ihr zu verbergen versuche. Wer weiß, ob sie überhaupt noch mal in einen Spiegel blicken wird. Dann wird das Tablett mit dem Frühstück hereingetragen. Sie ist zu schwach, um sich alleine von dem schwenkbaren Tischchen zu bedienen, das man ihr vor den Bauch geschoben hat. Ich drapiere ihr ein Tuch unters Kinn und gebe ihr vorsichtig einen Schluck aus der Schnabeltasse zu trinken. Nach einem zweiten Schluck muss sie sofort erbrechen. Das scheint sie aber nicht zu stören, merkwürdigerweise erklärt sie mir, dass ihr gar nicht übel sei. War das jetzt der Tumor, frage ich mich, oder eine Nachwirkung der Narkose? Sie wirkt auf mich so, als ob sie sich selber gar nicht richtig spüren würde. Lange Zeit verbringen wir schweigend, bis sie irgendwann wegdämmert. Auch als sie die Augen wieder aufschlägt, setzt sie ihr Schweigen fort. Manchmal fixiert sie mich, aber ich kann ihren Blick nicht deuten. Als ob er durch mich hindurchginge. Wo bist du in Gedanken, frage ich sie. Bei gar nichts. Wieder brütet sie vor sich hin. Wie geht es dir? So ullalah. Ob sie Schmerzen hat. Nein. Vermutlich ist der Infusionsbeutel über ihrem Bett weiterhin hoch dosiert mit sedierenden Medikamenten. Ich übe mich im Wartenkönnen und wiederhole die gleichen Fragen regelmäßig, wie ein Einschlafritual bei kleinen Kindern. Als das Mittagessen gebracht wird, wird sie plötzlich für einen Moment geradezu lebendig. Sie interessiert sich sehr dafür, was für ein Gericht unter der Plastikhaube zu finden ist. Kartoffelpüree mit Erbsen und Möhren, dazu ein Stück Fleisch in brauner Soße, alles in klassischer Krankenhausoptik. Jetzt hat sie immerhin die Kraft, um den Löffel selbst zum Mund zu führen, ich staune darüber, wie hastig sie schaufelt. Schmeckt es dir denn, frage ich. Überhaupt nicht, das ist Fraß! Sie zieht ein angeekeltes Gesicht. Dann lass es doch stehen, ermutige ich sie, du musst ja deinen Magen auch erst wieder ans Essen gewöhnen. Ich habe die Sorge, dass sie gleich wieder erbrechen wird, und meine bereits dementsprechende Geräusche aus ihrer Bauchgegend zu hören. Meine Ermahnung, zumindest langsamer zu essen und gründlich zu kauen, ignoriert sie und wirkt geradezu gierig. Als ob es mit dieser Mahlzeit nicht schnell genug gehen könne. Ihr Schlingen ist ein Anblick, der für mich nur schwer auszuhalten ist. Ich muss doch essen, sagt sie, ihr Trotz ist mir unheimlich. Das kann nicht gut gehen. Dann nickt sie zwischen zwei Bissen plötzlich ein. Ich nutze die Gelegenheit, um das Tablett so weit von ihr fortzuschieben, dass sie nicht mehr drankommt. Nach ein paar Minuten schlägt sie die Augen wieder auf und zeigt sofort auf das Essen. Gib mir noch was, ich muss doch essen. Um zumindest das Tempo zu drosseln, behalte ich den Löffel in der Hand und füttere sie lieber. So langsam, fast wie in Zeitlupe, dass sie ein weiteres Mal darüber einschläft. Immerhin übersteht sie diese Mahlzeit, ohne dass ihr Magen so wie am Morgen ein weiteres Mal rebelliert. In den Tagen darauf verdichtet sich bei mir immer mehr das Gefühl, dass sich in ihrem jetzigen Dämmerzustand das alte Muster noch mal viel deutlicher als sonst offenbart, das tief in ihre Vergangenheit weist. Denn jedes Mal, wenn sie aus dem Schlaf erwacht und mich am Krankenbett sitzen sieht, gilt ihr erster Gedanke dem Essen. Sie begrüßt mich gar nicht erst, sondern fragt gleich, ob ich schon gekocht habe. Ich nicke. Hat es gereicht? Ja, Mama. Bist du satt geworden? Sie schaut skeptisch und wartet auf die nächste Bestätigung. Gott sei Dank seufzt sie und ist für den Moment regelrecht erleichtert, als würde eine tiefe Last von ihr abfallen. Aber gleich wird sie mich garantiert wieder fragen, aus einer tiefen Sorge heraus. Sie findet aus dieser Unruhe einfach nicht heraus, steckt in einem Wiederholungszwang fest. Als ob in der Welt da draußen gerade gehungert würde. Ihr müsst viel Salat essen. Hoffentlich reicht es für alle! Solche Momente sind für mich Erfahrungen von größter Fremdheit und Distanz zu ihr, obwohl ich zugleich schrecklich mit ihnen vertraut bin. Ich liebe Salat, ich muss gar nichts. Schwer auszuhalten, diese Kombination aus Essen und schlechtem Gewissen, als sei jede Mahlzeit eine mühsam zu erfüllende Pflicht. Fast schäme ich mich für sie, allerdings muss ich kein Psychologe sein, um mir einen Reim darauf zu machen, woher das alles rührt. Ich bin nicht bereit, diese Sätze bloß auf einen Mangel an geistiger Klarheit nach einer Vollnarkose zurückzuführen. Da muss sich aus der Zeit des täglichen Überlebenskampfes nach dem Krieg, die mitunter Wolfszeit genannt wird, etwas tief in ihre Psyche eingebrannt haben, das jetzt wieder hochkommt, ein unauslöschliches Misstrauen, ob es sich wirklich sicher leben lässt in dieser Welt, in der so mancher, als sie jung war, für ein Stück Brot bereit war, jemand anderen zu erschlagen. So hat es ja auch mein Vater berichtet. Wenn es damals abends geklopft hat, hat meine Mutter kürzlich noch erzählt, dann haben wir erst den Tisch abgeräumt, bevor wir die Tür geöffnet haben, damit kein ungebetener Esser dazukam. Es war eine Masche, ausgerechnet dann an die Tür zu klopfen, wenn Essenszeit war. Dann bekam man aus Höflichkeit vielleicht etwas ab, ohne das eigene knappe Kontingent an Lebensmittelmarken strapazieren zu müssen. Es hat in der Zeit nie gereicht, den ganzen Tag mussten wir ans Essen denken, weil der Magen gedrückt hat. Und jetzt im Krankenhaus sagt sie wie in einer Endlosschleife: Ich muss essen, dabei habe ich gar keinen Appetit, und es schmeckt mir nicht. Ich muss aber essen, das ist wichtig für den Magen. Es ist zwecklos, das musste ich inzwischen einsehen, meiner Mutter diesen Gedanken ausreden zu wollen. Er ist für sie offenbar jetzt so präsent wie damals der Hunger, sie ist nicht frei. Diese Fixierung aufs Essen war bei ihr eigentlich immer da, ein Leben lang, nur radikalisiert sich jetzt alles, und es fällt mir schwerer, darin nur einen harmlosen *Spleen* zu sehen, über den man sich insgeheim amüsiert, um dies alles nicht zu nah an sich ranzulassen. Oft schien es mir früher, als stünde die Planung der jeweils nächsten Mahlzeit im Zentrum ihres Lebens. Ein permanentes Versorgen und Vorsorgen war das, und dies ausgerechnet in einer Zeit, in der die meisten anderen die berühmte Fresswelle in der Ära des Wirtschaftswunders bereits hinter sich hatten und begannen, sich für Diäten zu interessieren. Dabei wusste sie doch, dass der Mensch nicht vom Brot allein lebt, sonst hätte sie als junge Frau nicht weite Wege in Kauf genommen, um einen Abend in der Oper zu erleben. Und wenn gegessen wurde, dann sollte auch, bitte schön, nur über das Essen gesprochen werden, am liebsten über nichts anderes. Jetzt iss erst mal! Wie oft habe ich früher dieses Schweigegebot gehört, wenn sie von anderen Dingen während der Nahrungsaufnahme nichts wissen wollte. Mach den Teller leer! Das isst du noch auf! Oder das laut gezischte Pssst meines Vaters, der am Tisch während des Essens in Ruhe *Das Echo des Tages* hören wollte. In meinem Elternhaus ging es in vielerlei Hinsicht erfreulich unautoritär zu, meine Eltern waren durchaus bereit, sich von einem veränderten Zeitgeist beeinflussen und den Ungeist der Nazipädagogik hinter sich zu lassen. Aber bei Tisch hörte der Spaß auf. Und nun werfen mich die besorgten Nachfragen meiner Mutter gedanklich zurück in Situationen meiner

Kindheit, als es um Wohlverhalten am Tisch ging, um strenge Essensregeln, um Vorträge über die Bedeutung von Vitaminen und den Sinn des Trinkverbots. Wenn du beim Essen trinkst, erklärte sie tausendmal, dann können die Schleimhäute die Nährstoffe nicht aufnehmen. Und manchmal fügte sie hinzu: Das habe ich alles im Landdienst gelernt. Sie machte kein Hehl daraus, dass sie zumindest dieses dort erworbene Wissen für kostbar hielt. Früh geprägt von der Schule der Hitlerjugend und spürbar bis heute, also womöglich noch auf dem Sterbebett. Nicht mal dieses scheußliche Krankenhausessen kann sie stehen lassen, ohne ein schlechtes Gewissen zu haben, grollt es in mir. Wahrscheinlich sind das immer noch Spuren dieses Landdienst-Nazi-Über-Ichs namens Gunda Heller, die im sechsten Kriegsjahr den Quatsch mit den schwankenden Rohren in ihr Poesiealbum schrieb. Jetzt, ein einziges Mal, kommt meine Mutter noch zurück auf eine der Anekdoten, die sie mir zuletzt erzählt hat. Nämlich auf die Geschichte von den sieben Heringen, die sie in der Eifel gegen einen Sack gekeimter Kartoffeln getauscht hat. Den einen habe ich ja heimlich selbst gegessen, erinnert sie mich noch einmal, aber das war ekelhaft, ich habe ihn runtergewürgt. Bezeichnend, dass ihr gerade dieses Detail jetzt einfällt. Auch damals also essen, weil man essen muss, notfalls gegen innere Widerstände, in der

Not schlägt der Magen allemal den Gaumen. Allerdings kenne ich von meinem Vater auch die Gegengeschichte dazu, über die Langzeitwirkung des Ekels. Er hat sich nach dem Krieg bei einem Bauern mit fetter, frisch gemolkener, vom Eutor noch warmer Kuhmilch den hungrigen Magen vollgeschlagen, voller Gier, wie er es beschrieben hat, und über das Maß hinaus, das er vertragen konnte. Danach hat er nie wieder im Leben frische Milch anrühren können. So tief saß die Abscheu. Von ihrer Unruhe beim Thema Essen abgesehen scheint sich meine Mutter aber inzwischen gut in ihre schwierige Situation zu fügen. Sie nimmt ihre Unbeweglichkeit mit Gleichmut an, anstatt zu beklagen, was sich nicht ändern lässt. Sie drängt nicht darauf, wieder in ihr altes Leben zurückkehren zu können wie noch kurz nach der Operation, als sie möglichst schnell das Bett verlassen wollte und in Gedanken schon beim Treppensteigen war. Vermutlich weil sie weiß, dass das eine Illusion wäre. Ich kann noch nicht laufen, wiederholt sie jetzt öfter, das wird alles ganz lange dauern. An der Art, wie sie ganz lange sagt, merke ich, dass sie aus ihrer gewohnten Alltagstaktung herausgefallen ist, sie scheint etwas zu meinen, das weit hinter dem Zeithorizont liegt, den sie sich momentan vorstellen kann. Vielleicht gibt es Zeit für sie gar nicht mehr. Die Armbanduhr wollte sie nicht mehr zurückhaben, und für Wetter und Tageszeiten scheint sie sich nicht mehr richtig zu interessieren, jedenfalls schaut sie kaum noch aus dem Fenster, was ihr sonst immer wichtig war. Nichts drängt sie zurück ins Gewohnte, in die Teilhabe an dieser Welt. So geduldig kenne ich sie gar nicht. Eigentlich hat sie immer zur Verausgabung geneigt und gehadert, wenn ihr alternder Körper ihr wieder mal weitere Möglichkeiten nahm. Und nun diese Anzeichen von Lebenskunst, auf das sinnlose Rebellieren zu verzichten. Obwohl sie jetzt dazu gezwungen ist, auszuhalten, was ihr noch vor Kurzem wie der blanke Horror erschienen wäre. Einfach nur dazuliegen. Woran denkst du, frage ich hin und wieder, um ein Gefühl dafür zu bekommen, was sie gerade bewegt. Ich weiß es nicht, antwortet sie dann jedes Mal. Mit einem Gesichtsausdruck, in dem Zufriedenheit geschrieben steht, als staunte sie über sich selbst, dass sich mit dieser inneren Leere ganz gut klarkommen lässt. Ja, innere Leere, ein passenderer Ausdruck will mir für ihren Zustand, so wie ich ihn für mich deute, nicht einfallen. Aber eben eine Leere mit Behaglichkeit. Sie ist jetzt in einem für mich nicht mehr erreichbaren Irgendwo, und das muss ein Ort sein, der nichts mehr zu tun hat mit ihrer konkreten Vergangenheit mit all ihren Gewalterfahrungen, die ihr noch vor Tagen so nah gewesen waren. Es stimmt, ich werde meine Kladde nicht mehr mitbringen müssen. Einmal versucht sie der

Physiotherapeut dazu zu motivieren, sich probeweise auf ihre Füße zu stellen. Sie hört es wie eine böse Überraschung. Das kann ich nicht, ruft sie ängstlich, ich muss liegen bleiben. Aber es wird Ihnen nichts passieren, ermutigt er sie und zeigt auf ein brusthohes Gestell, auf das sie sich mit den Unterarmen stützen könne. Bei ihrer Reaktion frage ich mich, ob sie sich schon aufgegeben hat, was bislang so gar nicht zu ihr gepasst hätte. Nach längerem Zaudern willigt sie schließlich ein, sich zunächst mit einem geübten Handgriff auf die Bettkante setzen zu lassen. Dort bekommt sie eine Pause, damit sich vor der nächsten Etappe ihr Kreislauf stabilisieren kann. Anschließend hilft der Therapeut ihr dabei, sich aufzurichten und das Körpergewicht auf das Gestell zu verlagern. Jetzt gehen Sie mal einen Schritt, fordert er sie auf. Sie sind in Sicherheit, Sie können nicht stürzen. Meine Mutter sieht ratlos aus. Sie scheint zu überlegen, was sie tun muss. Es wirkt so, als ob sie vergessen hätte, wie man einen Fuß vor den anderen setzt. Dann schafft sie doch ein paar Zentimeter mit dem rechten, bricht aber sofort ab, weil sie in den Knien einknickt. Ich kann das nicht, ich muss mich wieder hinlegen. Sie fleht fast, damit er ihre Resignation akzeptieren möge. Ist das Kopfsache, ein mentales Problem mangelnden Zutrauens, oder streikt tatsächlich ihr Körper, weil den Beinen alle Kraft verloren gegangen ist? Jedenfalls ist kein Wille mehr bei ihr spürbar, sich ihrem Verfall entgegenzustemmen, sie setzt ein deutliches Zeichen. Der Therapeut sieht ein, dass ihr heute nichts mehr gelingen wird, und ich habe gerade das Gefühl, einen Schlüsselmoment miterlebt zu haben, der mir hilft, ihre Wünsche besser zu verstehen. Wir sind wohl an dem Punkt, an dem wir uns von dem Ziel verabschieden, dass sie noch mal ohne einen gewaltigen Kraftakt sitzen oder stehen können wird. Die wenige Zeit, die ihr bleibt, wird sie im Liegen verbringen, und vielleicht ist es ja gerade gut, dass es sie jetzt dort wieder hinzieht. Dann bestünde unsere Aufgabe darin, sie vor Aktivitäten abzuschirmen, die auf unrealistischen Zielsetzungen beruhen. Einfach nur Ruhe, nichts wollen, zu nichts hinstreben, das hat sie sich in dieser Klarheit, seitdem ich sie kenne, noch nie gewünscht. Ihr diese wohlverdiente Ruhe sichern, und sie nicht unter Stress setzen mit Trainingsprogrammen, die die letzte Wegstrecke unnötig beschweren, dafür hätten wir dann ab sofort zu sorgen. Der Therapeut nimmt mich beiseite und deutet an, dass wir sehr bald auf ein Problem zulaufen werden, wie sie weiter versorgt werden kann. Denn mit jedem weiteren Tag werde sich zeigen, dass das Krankenhaus kein guter Ort mehr für sie ist. Ihre akute Versorgung ist aus Ärzteperspektive abgeschlossen, vertraut er mir an, und wäre sie nicht Privatpatientin, würde das Krankenhaus längst Druck machen, um sie möglichst schnell entlassen zu können. Außerdem gäbe es hier über Weihnachten und Neujahr bei der Krankengymnastik nur noch eine Minimalversorgung, aber sie muss ja auch im Bett mobilisiert werden, damit sie sich nicht wundliegt. Offen gesagt können wir in diesem System nicht das leisten, was wir leisten müssten. Sie müssen sich überlegen, fordert er mich auf, wie es weitergeht. Krankenhäuser sind nicht gut darin, Entwicklungen in Richtung Lebensende einfach anzunehmen, hier wollen die Leute immer etwas tun, auch wenn das wie bei ihr für die Patienten irgendwann ganz falsch sein kann. Ärzte hassen das passive Geschehenlassen, weil sie es als persönliche Niederlage aufnehmen. Mit diesen Worten entlässt er mich in eine tiefe Ratlosigkeit, was wir tun sollen. Ganz sicher nicht sie in Kämpfe schicken, die sie nur verlieren kann. Was wollte er von dir? Meine Mutter wirkt jetzt hellwach, sie spürt, dass sie gerade ein wichtiges Gespräch nicht mitbekommen hat. Ich lasse sie teilhaben an meiner Ratlosigkeit und frage sie, ob sie sich vorstellen kann, nach Hause zurückzukehren. Sofort schüttelt sie heftig den Kopf. In ihrem Gesicht steht eine Empörung, als hätte ich soeben etwas vollkommen Verrücktes gesagt. Das geht nicht, das dauert noch ganz lange. Diesen Satz wiederholt sie auch in den folgenden Tagen. Offenbar spielen die positiven Erfahrungen, die wir damals mit der Heimholung meines Vaters gemacht haben, für sie keine Rolle mehr. Wir könnten ja wie gewohnt die Weihnachtsente bei dir zubereiten, teste ich noch einmal an, um herauszufinden, wie es um ihr Bedürfnis nach vertrautem Zuhausesein steht. Die Arbeit in der Küche überlässt du uns, du bleibst liegen, aber hinterher probieren könntest du schon. Will ich nicht, sagt sie kurz angebunden, obwohl ihr dieses Thema sonst immer über Monate hinweg so wichtig war. Das wird hier noch ganz lange dauern. Bei der täglichen Visite höre ich vonseiten der Ärzte auch eine wachsende Ungeduld heraus, durch die Blume geben sie zu verstehen, dass sie das Bett meiner Mutter möglichst bald freikriegen wollen. Sie schlagen ihr eine gerontologische Rehamaßnahme vor, und zwar ausgerechnet auf der Station, auf der mein Vater vor Jahren seinen depressiven Zusammenbruch erlitten hatte und vermeintlich fast gestorben wäre. Da will ich auf keinen Fall hin, sagt meine Mutter sehr entschlossen. Sie verknüpft mit diesem Ort albtraumhafte Erinnerungen an alte, hilflose Menschen, die so laut stöhnten, dass man es bis weit auf den Flur hören konnte, oder die verwirrte Sätze riefen, weil ihr Geist bereits in einer anderen Welt war. Und sie verknüpft mit diesem Ort natürlich die für sie damals sehr verstörende Erfahrung, dass der Lebenswille meines Vaters dort mehr und mehr erlosch. Folglich stehen wir nun an einer Wegkreuzung, an der sie in keine der aufgezeigten Richtungen abbiegen möchte, das Verweilen aber auch keine Option ist. Ich fühle mich überfordert und spüre, wie eine Panik in mir aufsteigt. Sie wird sich nicht entscheiden, wir werden sie führen müssen. In den vergangenen Tagen habe ich mit meiner Schwester immer wieder über unsere Wunschlösung Hospiz gesprochen, aber bislang haben wir es beide vermieden, unsere Mutter darauf anzusprechen, weil wir uns sicher sind, dass allein das Wort Hospiz zu hören schon genügen würde, um bei ihr eine innere Blockade auszulösen. Ihre erste Intuition wäre dann, so fürchten wir zumindest, dass wir sie in ein finsteres Totenhaus abschieben wollen. Vielleicht denkt sie dann an das erbarmungswürdige Sterben ihrer Schwester zurück und mutmaßt, dass auch dort lauter solche elenden und verlassenen Kreaturen ihrem Ende entgegendämmern würden. Diese Schreckensbilder existieren ja in vielen Köpfen, allerdings nur dann, wenn die eigene Anschauung fehlt. Bei meinem ersten Besuch vor Jahren in einem Hospiz wähnte ich mich frei von solchen Klischees und war hinterher dennoch verblüfft, wie viel Fröhlichkeit ich dort angetroffen habe. Damals begann ich zu verstehen, dass es die kleinen Lebensgenüsse auch dann noch geben kann, wenn man weiß, dass der Tod sehr nah ist, so nah, dass eine Wochen- oder gar Monatsfrist schon beträchtlich wäre. Ich begann zu verstehen, welche neuen Freiheitsspielräume entstehen können, wenn erst alle Aufmerksamkeit auf das Wohlergehen gerichtet ist und nicht mehr auf eine erhoffte Heilung. Der Tod ist groß und nicht selten eine Macht, die finster regiert, auch dort. Diese Macht ist unbezwingbar und lässt Menschen verzweifeln, auch im Hospiz. Zudem mögen diese Spielräume aus der Perspektive von Gesunden zunächst klein und unbedeutend erscheinen. Aber es macht schon einen Unterschied, ob man seine letzten Tage unter dem ruhelosen Regime von Krankenhausroutinen verbringt, weil auch dann noch geweckt, gespritzt, gemessen wird, wenn es längst sinnlos ist, oder ob man mit ein bisschen Glück, weil die Schmerztherapie gelingt, noch mal in die Sonne geschoben wird und ein Glas Bier gereicht bekommt, auch wenn man morgen bereits tot sein kann. Bedenke, dass du sterben wirst. Diese Mahnung muss man im Hospiz niemandem mehr zurufen. Dafür steht dort als Symbol die brennende Kerze vor der Tür eines soeben verstorbenen Menschen, und an diesem Ort müssen häufig Kerzen entzündet werden. Bald werde ich dran sein, mögen diejenigen denken, die auf die Flamme schauen und selbst den Tod erwarten. Er ist hier allgegenwärtig. Der Humor aber auch. Das weiß ich inzwischen, nachdem ich einige Hospize besucht habe. Wer hier arbeitet, spricht auf sehr besondere Art ein Ja zum Leben. Aber was könnten wir, weil ihr diese Anschauung fehlt, dieser möglichen Intuition meiner Mutter entgegenhalten, und wie soll ein Hospiz zum Ort ihrer Wahl werden, ohne dass wir ihr absehbares Lebensende mit ihr offen thematisieren? Denn das wird sie auch weiterhin nicht wollen, darin bin ich mir fast sicher und frage mich mit jedem weiteren Tag mehr, ob in ihrem Schweigen nicht doch eine Lebensklugheit steckt. Denn mir scheint stimmig zu sein, wie sie bislang ihren Weg gegangen ist, ich entdecke nichts gewaltsam Unterdrücktes an ihrem Schweigen. Die Tage darauf sind bestimmt von einer Konzentration auf das Elementare. Schlafen, Essen, Verdauen, über anderes lässt sich mit ihr kaum noch reden. Jedes Mal versetzt es mir einen Stich, wenn sie wieder davon spricht, auch ohne Appetit essen zu müssen, sie müsse sich dazu zwingen. Oder wenn sie mich immerzu fragt, ob ich satt geworden sei. Sie findet einfach nicht aus dieser Wiederholungsschleife heraus, und ich möchte mich am liebsten abwenden, wenn ich sehe, wie sie etwas hinunterschlingt, das sie anwidert. Von Weihnachten will sie gar nichts wissen, reagiert beinahe aggressiv, wenn wir ihr vorschlagen, Heiligabend an ihrem Bett zu verbringen. Feiert alleine, ich will euch hier nicht sehen. Sie sieht zornig aus, wenn sie so etwas sagt, Widerrede duldet sie nicht. Am Ende freut sie sich dann doch, dass wir mit einer Kerze gekommen sind und ein paar Lieder singen. Zum Mitsingen fehlt ihr inzwischen die Kraft. Es bleibt dabei, dass sie keine Auskunft geben kann oder will, wohin ihre Gedanken sie treiben. Wenn sie sagt, dass sie an gar nichts denke, kommt mir das nicht wie eine Ausrede vor. Aber auch dieser Zustand innerer Leere ist verletzlich, unübersehbar wächst ihre innere Unruhe, die vielen kleinen Störungen, die zum Klinikbetrieb gehören, zermürben sie mehr und mehr. Hört doch endlich auf, sie zu stechen, wenn sie in die Stille gehen will, denke ich, wozu noch diese überflüssigen Thrombosespritzen. Und dann kommt die erlösende Nachricht, dass sie bald in ein Hospiz ziehen kann. Uns bleiben ein paar Tage, um sie gedanklich darauf einzustimmen. Meine Schwester und ich suchen abwechselnd nach goldenen Worten, um diesen ihr unbekannten Ort zu beschreiben. Diese Worte sollen möglichst sanft, aber nicht verlogen sein. Wir bewegen uns auf einem schmalen Grat, wollen sie schonen und uns trotzdem nicht verbiegen. Vom Sterben sprechen wir nicht explizit, aber davon, dass es an diesem Ort nicht mehr darum geht, gesund zu werden. Sie werden dich in Ruhe lassen. Diesen Satz wiederhole ich mehrfach, weil ich spüre, dass er sie erreicht. Sie nickt, sie ist einverstanden. Wir können das so stehen lassen, ohne zu wissen, ob wir alle das Gleiche meinen. Und der Weg nach Hause steht ihr ja weiterhin jederzeit offen. Am Tag ihres Umzugs geschieht ein kleines Wunder. Der Krankentransport reibt sie noch einmal auf, diese Anstrengung können wir ihr nicht ersparen, aber kaum im Hospiz angekommen, ändert sich ihre Verfassung von einem Moment auf den anderen. Das Grimmige ist plötzlich weg, die innere Unruhe auch, ihre Gesichtszüge drücken diesen Stimmungswandel unverkennbar aus. In ihnen lese ich, dass sie sich an diesem Ort behaglich fühlt. Als würden all ihre Muskeln gleichzeitig lockerlassen. Sie atmet durch, sie registriert offenbar die veränderte Atmosphäre, die freundlichen Farben des Zimmers, den Wohlgeruch, die Möglichkeit, vom Bett aus in den Garten zu schauen, die kleinen Dinge, auf die es so sehr ankommt. Sofort schläft sie ein. Nachdem sie erwacht ist, lernt sie die Köchin des Hauses kennen. Sie setzt sich zu ihr ans Bett und fragt sie nach ihren Wünschen. Hier wird frisch gekocht, sagt meine Mutter hinterher mit Begeisterung, endlich hat es mal wieder geschmeckt. Ihr erstes kleines Stück Lebensqualität hat sie nun zurück. Dann kommt der Palliativmediziner vorbei und verspricht ihr, alles dafür zu tun, damit sie schmerzfrei bleibt. Seine Sätze handeln zwar implizit vom Sterben und vom Weg dorthin, aber das Wort selbst kommt auch bei ihm nicht vor. Er erklärt uns seine Strategie für die kommenden Tage. Solange sich ihr Zustand nicht verschlimmert, werde er regelmäßig ein Morphium-Präparat geben, und dann genüge bei akuten Schmerzspitzen eine Paracetamol obendrauf. Ich staune, dass ein Allerweltsschmerzmittel auch in solchen Grenzsituationen hilfreich sein soll. Aber ihr Befinden in den folgenden Tagen gibt ihm recht, sie bleibt in ihrer Ruhe, sie verbringt die verstreichende Zeit mit viel Schlaf. Und wenn sie zwischendurch die Augen aufschlägt, versichert sie mir, dass es ihr gut geht. Sogar mit einem milden Lächeln. Muss man das Sterben fürchten? Ich sitze da und habe, weil sie so gelöst wirkt in ihrem Schlummer, viel Zeit, um ein weiteres Mal darüber nachzudenken. Und wieder würde ich antworten: Eher nicht. Achtung, Zwischenstand, wer weiß, was noch kommt! Innerhalb kurzer Zeit ein zweites Mal Zeuge sein beim Verlöschen eines Lebens, das ist es, was sich bald ereignen wird. Ein Drama mit Ansage. Ich weiß, was unweigerlich passieren wird, wer hier als Sieger vom Platz geht, ich versuche, ihr Verschwinden aus unserem Leben vorauszudenken, die Lücke zu vermessen, die sie erst noch reißen wird, und weiß doch auch inzwischen, wie illusionär das ist, dass ich ein zweites Mal Gefahr laufe, in die Falle zu tappen, mich selbst für gut vorbereitet zu halten. Was es heißt, hinterher das Scheitern der eigenen Bemühungen um Rationalisierung zu erleben. Genau das wird wieder passieren, ich werde in einen Sog geraten, der mich unfrei macht, weil sich Trauernde nicht aussuchen können, woran sie denken möchten, wo sie doch zwischendurch immer wieder vom Blitz getroffen werden, der die Lücke brutal in grelles Licht taucht. Schau dahin, fordert dieser Blitz, denke an nichts anderes, versuche erst gar nicht, dich abzulenken. Er kommt immer wieder, wie eine Heimsuchung, und hat die Kraft, in Sekundenbruchteilen Fröhlichkeit in Traurigkeit zu verwandeln. Und dennoch wird anschließend das Leben weitergehen. Irgendwann sogar mit dem Anschein von Normalität. Mit dem allmählichen Freischwimmen aus diesem Sog. Das eine ist so gewiss wie das andere. Ein Mensch stirbt. Diese Tatsache ist zugleich banal und vollkommen unfassbar. Man steht als Überlebender hinterher da wie der Ochs vorm Berg und versteht nicht, was doch so einfach scheint, weil es von Anfang an feststand. Von Geburt an ein Vorlauf zum Tode. Man weiß vorher, was am Ende des fünften Aktes geschehen wird, wenn der Vorhang fällt, und wird dennoch davon kalt erwischt, als ob es eine Riesenüberraschung wäre. Ein Mensch stirbt, und mit ihm fahren all die Geschichten mit in die Grube, die dieses Leben wesentlich gemacht haben. In mir keimt die Vermutung, dass es mir bis zu meinem eigenen Lebensende nicht mehr gelingen wird, von diesem Rätsel loszukommen. Es immer wieder neu zu versuchen, dieses Rätsel des Lebens zu ergründen und dann doch jedes Mal intellektuell daran zu scheitern. Ich weiß nicht einmal, ob ich darauf hoffen sollte, davon loskommen zu können. Ob die Verdränger, die so zu leben versuchen, als gäbe es kein Morgen, die talentierteren Lebenskünstler sind. Vielleicht gelingt es ja sogar, diesen Felsbrocken fröhlich den Berg hinaufzuwälzen. Die Melancholie, die nicht mehr verschwinden wird, zu umarmen und mit Heiterkeit zu verbinden. Nie hätte ich von mir gedacht, dass ich mal gern auf den Friedhof gehen würde und dort inzwischen sogar einen Lieblingsplatz gefunden habe, zu dem es mich hinzieht. Manchmal habe ich im Sommer eine von den Erdbeeren genascht, die meine Schwester auf das Grab gepflanzt hat, in dem mein Vater bald Gesellschaft von meiner Mutter bekommen wird. Und vorher geschaut, ob das auch keiner sieht, weil es als ungehörig empfunden werden könnte. Unser Grab ist ein bisschen wild und sieht aus wie ein kleiner Garten. Wir wünschen uns, dass auch dort die Jahreszeiten ihre Spuren hinterlassen. Die Kröte fehlt mir, die anfangs so sehr geholfen hat, diesen Ort für mich zu einem guten Ort zu machen. Zudem hätte ich nicht gedacht, dass ich für einen Moment die Anschaffung meines eigenen Sarges erwägen würde. Ein Modell beim Bestatter gefiel mir besonders gut, der sogenannte Papst-Sarg, eine schlicht geschreinerte Kiste mit dicken Tauen zum Tragen. Sie wäre gewiss ein dezentes Möbelstück, vielleicht sogar fürs Wohnzimmer, dessen eigentlicher Zweck verborgen bliebe, und könnte im Bedarfsfall rasch umgewidmet werden, stünde vorher aber für mich allein, ohne dass es andere bemerken müssen, als leise Mahnung im Raum, damit ich das Memento mori nicht vergesse. Meine Kinder haben mich davon aber abgebracht, sie fanden diese Vorstellung wohl morbide, und auch ich muss inzwischen über mich selbst schmunzeln. Bin ich verrückt oder sind es die anderen? Auch diese Frage, die vielen Trauernden vertraut sein dürfte, will nicht mehr verschwinden. Ich bin jedenfalls nicht mehr der, der ich war, bevor ich Zeuge dieses Geschehens wurde. Der Tod raubt einem die Unschuld. Er ist der angebissene Apfel, der dafür sorgt, dass man aus der Illusion getrieben wird, das eigene Leben könne immer so weitergehen. Und dennoch würde ich keine Minute von dieser Erfahrung missen wollen. Jede einzelne ist für sich genommen kostbare Zeit, verdichtete Erfahrung jenseits des banalen Alltagskrams. Sogar dieser schreckliche Moment, als mein Vater eingesargt und dann die Treppe hinuntergetragen wurde. Fest verankert in meiner Erinnerung die geübten Handgriffe der Bestatter, wie man eine Leiche aus dem Bett hebt. Die kleine

Verbeugung hinterher mit müder Routine. Wie betäubt bin ich den beiden Sargträgern mit den weißen Handschuhen die Stufen hinterhergelaufen und stand am Ende spätabends allein und verloren auf der Straße und schaute zu, wie der Leichenwagen davonfuhr. Bis die Rücklichter nur noch kleine rote Punkte in der Dunkelheit waren. Schaute auch dann noch dem Wagen nach, als er längst weg war. Ich stand da in radikaler Einsamkeit. Die beiden Sargträger hatten mir noch einen schönen Abend gewünscht, bevor sie einstiegen. Ich meinte gespürt zu haben, dass im Leichenwagen die Kühlung lief. Das war der eigentliche Schnitt ins Fleisch, dieser Kältestrom aus dem offenen Wagen, der mich schaudern ließ, nicht der Moment ein paar Tage darauf, als der Sarg mit ihm in die Erde fuhr. Dort, auf der dunklen, verlassenen Straße, hatte ich schlagartig realisiert, dass der, der mal mein Vater war, nun als lebloses Objekt galt, das nach Hygienebestimmungen behandelt werden musste. Nein, das war nicht mehr er. Eine eigenartige Verwandlung, dabei hatte ich noch Stunden zuvor erlebt, wie schön es sein kann, sich am Bett eines Verstorbenen Zeit zum Sprechen zu nehmen. Er hatte mitgeholfen, dass es mir gelang, eines der besten Gespräche mit meiner Tochter zu führen. Die Anwesenheit eines Toten kann auch frei machen, radikaler zu sprechen als gewöhnlich. Wir hatten nebeneinander gesessen und die ganze Zeit auf ihn geschaut, wie er dalag mit geschlossenen Augen und verschränkten Händen, das hatte unsere Zungen gelöst. Vielleicht weil er gelöst aussah, anwesend und abwesend zugleich. Manchmal mussten wir sogar lachen und fanden es gar nicht peinlich. Einmal kicherten wir bei der Vorstellung, dass er vielleicht heimlich mithörte. Ein Totenzimmer ist ein guter Ort, um Familiengeheimnisse auszutauschen. Der Tod selbst ist radikal und steckt uns damit im besten Falle an. Er bietet ein Zeitfenster, um anders sein zu können als sonst. Es ist eine Passage-Zeit, in der wir aus der Rolle fallen können, was für eine Chance! Es läuft wie beim Kartenspiel: Einer ist raus, und plötzlich bekommen alle anderen ein neues Blatt in die Hand. In den ereignislosen Phasen wie jetzt, in der Stille des Hospizzimmers, in dem nichts Dramatisches passiert, weil meine Mutter schmerzfrei vor sich hin schlummert, ähnelt dieses Warten und Schauen an ihrem Bett einer Meditation. Der Alltag da draußen spielt keine Rolle mehr, es gibt im inneren Erleben keine Vergangenheit und keine Zukunft, weil das Denken keine klare Richtung nach vorn oder hinten hat. Ein Raum fast ohne Zeit. Nur ab und zu ein Schichtwechsel im Hospiz, ein neues Gesicht fragt nach den eigenen Wünschen, als äußeres Zeichen dafür, dass der Tag vorangeschritten ist. Wieder mal eine Höhlenerfahrung, nur diesmal fast ohne Worte. Wie gut, dass wir zuletzt so viel sprechen konnten! Ein zweites Mal empfinde ich ein Gefühl der Dankbarkeit, weil genau wie bei meinem Vater nichts Unausgesprochenes diesen Abschied verschatten wird. Sie darf jetzt gehen, denke ich, auch wenn wir um das anschließende Drama nicht herumkommen werden. Aber so einfach ist der Tod nicht zu haben, auch dieser Anschein von Frieden und Einverständnis wird bald darauf gestört. Am Morgen werde ich im Hospiz abgefangen, bevor ich ihr Zimmer betreten kann. Eine Mitarbeiterin erklärt mir, sie sei im Haus zuständig für die psychosoziale Betreuung der Angehörigen. Bei dieser Art, sich vorzustellen, ist mir sofort klar, dass sie mit schlechten Nachrichten kommt. Gleichwohl sträubt sich etwas in mir, von ihrer Seite professionell wie ein Fall behandelt zu werden. Aber dies ist nicht der Moment, ihr umständlich zu erklären, warum es mir gerade gut geht. Sie schildert mir, wie sich der Zustand meiner Mutter seit gestern deutlich verändert hat, die Sterbephase habe nun begonnen, auch wenn sie nicht sagen könne, wie viel Zeit ihr noch bleiben werde. Ihre Mutter isst und trinkt nicht mehr, sagt sie, und sie kann auch nicht mehr sprechen. Die Mitarbeiterin schlägt vor, dass ich mir erst selbst ein Bild von ihrem Zustand machen solle, und anschließend würde sie gern mit mir sprechen. Ich gehe zu meiner

Mutter rein und sehe sofort, dass sie nun auf einem Weg ist, der unumkehrbar ist. So sieht ein Mensch aus, der bald zum letzten Mal atmen wird. Das hätte ich auch ohne diese Vorrede schon im Türrahmen verstanden und frage mich, woher diese ganz starke Intuition kommt, obwohl mir der Anblick von Sterbenden so wenig vertraut ist. Ob diese Sicherheit vielleicht doch trügerisch ist. Denn beim ersten Mal, als mein Vater so aussah, als sei der Tod nah, hatte ich mich ja komplett geirrt. Aber dies wird sich hier nicht wiederholen, in dieses vollkommen veränderte Gesicht mit den geschlossenen Augen hat sich der Tod bereits fest eingeschrieben, in erstaunlich kurzer Zeit. Auf einen Aufschub zu hoffen, wäre Irrsinn. Aber vielleicht doch noch auf ein überraschendes letztes Wort? Dagegen spricht, dass sie auf mich wirkt, als wäre sie längst weg und hätte nur ihren schwer atmenden Körper zurückgelassen. Ja, tief drinnen in ihrem Körper sitzt die Gegenwehr, ihren Brustkorb zu heben und zu senken, verausgabt sie sichtlich, die schöne Ruhe der vergangenen Tage ist dahin. Ich spreche ein paar leise Sätze und frage sie, ob sie Schmerzen hat. Keine Antwort, keine erkennbare Mimik. Der Rhythmus ihres Atmens ändert sich auch nicht. Daran kann ich nicht ablesen, ob sie mich verstanden hat. Oder jetzt doch ein ganz schwach angedeutetes Kopfschütteln? Je länger ich schaue, desto unsicherer werde ich, ob ich vielleicht kleine Spuren von Resonanz übersehe oder optisch getäuscht werde, wenn ich für einen Augenblick meine, eine winzige Regung wahrgenommen zu haben. Alles verschwimmt. Ab jetzt werde ich ein Reich des Nichtwissens betreten, denke ich, sofern es dabei bleibt, dass sie nicht mehr sprechen kann oder sonst keine Zeichen gibt, wird kein Mensch mir helfen können zu verstehen, was gerade in ihrem Inneren geschieht. Ob es dieses Innen überhaupt noch gibt. Ich weiß für den Moment nicht einmal, ob meine Anwesenheit einen Unterschied macht oder nicht. Es ist schwer, in diese Stummheit hineinzusprechen und dabei den eigenen Augen nicht trauen zu können. War da wirklich eine Bewegung in ihrem Gesicht? Aber vielleicht erkennt sie meine Stimme oder meine Schritte, meine Hand in ihrer, kann mich womöglich sogar riechen. Nichts wissen wir über dieses größte Geheimnis, werden es vermutlich auch nie erfahren. Für den Moment erscheint mir das nur schwer erträglich. Immerhin bin ich mir sicher, dass sie anders aussähe, wenn der Schmerz regieren würde. Ich bin dennoch froh, einen Vorwand zu haben, um ihr Zimmer wieder verlassen zu können, denn draußen wartet ja die Betreuerin fürs Psychosoziale auf mich. Sie bittet mich auf eine Couch und möchte sich offenbar vergewissern, dass mir klar ist, was die Stunde geschlagen hat.

Viele wollen nicht glauben, was sie sehen, und flüchten in eine Leugnung der Realität, fügt sie hinzu, um den Sinn ihrer Nachfragen verständlich zu machen. Sie spürt, dass ich mich sperre. Nicht gegen ihre Botschaft, wohl aber gegen dieses therapeutische Setting. Doch je länger wir miteinander sprechen, desto erleichterter bin ich dann doch darüber, einem Menschen mit offenem Ohr gegenüberzusitzen, der ein Gespür dafür hat, worauf es in solchen Grenzsituationen des Lebens ankommt. Sie fragt danach, ob ich nachts schlafen kann und regelmäßig esse. Nimmt also ernst, was man selbst in Krisen gern vernachlässigt. Denn nicht nur die Sterbenden werden irgendwann auf das Elementare zurückgeworfen, offenkundig auch wir, die wir das alles überleben wollen. Es ist eine Zeit, in der man auch auf sich selbst achtgeben sollte. Dann sprechen wir darüber, ob man sich auf den Tod eines Menschen, der einem nahesteht, geistig vorbereiten kann. Ich schildere ihr meine erste Erfahrung damit, das Zerschellen der Illusion von guter Vorbereitung. Sie nickt. So geht es fast allen, antwortet sie, man kann sich nicht vorbereiten. Allenfalls in der Weise, dass man sich vorher klarmacht, die Erde wird einstürzen. Sie werden also ein Erdbeben erleben, nicht bloß eine leise Erschütterung, das zu wissen, könnte ein wenig helfen. Alles andere wäre Kontrollzwang. Eine ganze Stunde verbringen wir miteinander, sie verläuft merkwürdig. Denn obwohl mir die Mitarbeiterin eine Katastrophe ankündigt, fühle ich mich bei ihr behaglich. Am Ende stehe ich von der Couch mit dem Gefühl auf, dass sie mich geradezu dazu eingeladen hat, die kommende eigene Trauer zu umarmen, anstatt sie von mir weisen zu wollen. Glauben Sie nicht der Rede von einem Trauerjahr, hatte sie mir gesagt, die gesellschaftliche Erwartung ist ja, dass es danach auch mal gut sein muss. Wer nach dieser Frist nicht wieder wie frisch geölt funktioniert, fällt heraus aus den Vorstellungen von dem, was als normal gilt. Gehen Sie lieber von neun Trauerjahren aus, das ist realistischer. Zurück bei meiner Mutter am Bett will mir diese Rechnung nicht aus dem Kopf gehen. Mir fällt wieder ein, wie sie am ersten Todestag meines Vaters den schwarzen Pullover aus dem Schrank geholt hatte. Sie wollte ein Zeichen geben, dass er in ihren Gedanken noch sehr präsent war. Und dennoch hatte ich ausgerechnet an diesem Tag zum ersten Mal das Gefühl, dass es ihr gelungen war, sich ein wenig freizuschwimmen. Ob der Pullover geholfen hatte, weil Rituale stabilisieren? Ich kann nicht mehr so leben, als ob ich noch neun mal neun Jahre hätte, umso wichtiger also die Umarmung der Trauer. Gedacht im Sinne einer Bejahung des eigenen Lebens und des bereits Erlebten. Dann ist der Tod vielleicht nicht mehr der große Störenfried, der alles kaputt macht, sondern einer, der mithilft, die Gedanken auf das zu richten, was im eigenen, bereits gelebten Leben kostbar ist. Aber eben endlich. Vielleicht gerade kostbar, weil endlich. Endgültig versöhnen werden wir uns mit der Kürze des Lebens sowieso nicht. Meine Schwester ist gekommen, um mich abzulösen. Mit ihr erlebe ich erneut, wie die Anwesenheit des Todes die Gespräche von uns Lebendigen beflügeln kann. Wir schauen gemeinsam auf dieses verlöschende Leben und sprechen darüber, wie viel von diesem Leben wir wirklich verstanden haben. Und wie viel davon auch in uns selbst steckt, das wir bearbeiten müssen, weil wir Kinder einer Generation sind, die sehr früh viel zu viel Blut gesehen und die daraus resultierenden seelischen Verheerungen ungewollt weitergegeben hat. Wir wissen, was passiert ist in ihrem Leben, spricht sie in Richtung meiner Mutter, aber wir wissen nicht, wie sie sich gefühlt hat. Erinnerst du dich? Ich habe dir das schon mal gesagt. Zumindest eine Ahnung davon, entgegne ich, haben wir in den vergangenen Monaten aber doch bekommen, dadurch, dass sie gesprochen hat. Wir schweigen einen Moment. Eine Sprache für die Gefühle finden, sagt meine Schwester in die Stille des Sterbezimmers hinein, das ist unsere Aufgabe. Dann lasse ich sie allein mit unserer Mutter zurück. Am Abend hält es mich nicht zu Hause, ich möchte noch einmal nach ihr schauen, ob sie ruhig in die

Nacht gehen kann. Zunächst scheint sich nichts geändert zu haben, doch dann meldet sich plötzlich der Schmerz. Ihre Augen behält sie wie schon den ganzen Tag geschlossen, aber ihr Körper gerät in Bewegung, wälzt sich hin und her, der Kopf findet keinen Halt auf dem Kissen. Ihre Unruhe überträgt sich sofort auf mich, ihr Stöhnen treibt mich aus dem Zimmer, um Hilfe zu holen. Ein Pfleger entscheidet sich für eine Dosis Morphium, es ist das erste Mal, dass sie gespritzt werden muss. Sehr schnell findet sie daraufhin in die Ruhe zurück. Ich frage den Pfleger nach seiner Einschätzung, wie viel Zeit ihr noch bleiben wird. Er hat schließlich schon viele Menschen sterben sehen. Lange schaut er sie an, dann sagt er, dass es vermutlich noch dauern werde. Er verlässt das Zimmer. Einen Moment möchte ich noch mit ihr allein sein, bevor ich gehe. Ich spreche ein paar unbeholfene Worte in ihre Richtung, kündige ihr an, dass ich wiederkommen werde. Dann schlägt sie plötzlich die Augen auf und schaut mich konzentriert an. Ihr Blick hört gar nicht mehr auf, mich zu fixieren, als ob es für sie etwas zu staunen gäbe. Unmöglich, jetzt diesem Blick nicht standzuhalten, sofort spüre ich, dass sich etwas Besonderes ereignet. Und dann ein erstes Ja aus ihrem Mund. Und noch ein zweites. Sie strengt sich jetzt richtig an, um noch ein paar weitere Ja über die Lippen zu bringen. Vielleicht jede halbe Minute eins, jedenfalls kommen mir die Pausen dazwischen lang vor. Ich weiß nicht, wozu sie Ja sagen möchte, aber es scheint ihr wichtig zu sein. Dann schließt sie die Augen und schläft wieder ein. Auf dem Weg nach Hause höre ich immerzu in meinem Ohr dieses Ja … Ja … Ja …

Aus Verantwortung für die Umwelt hat sich der *Verlag Kiepenheuer & Witsch* zu einer nachhaltigen Buchproduktion verpflichtet. Der bewusste Umgang mit unseren Ressourcen, der Schutz unseres Klimas und der Natur gehören zu unseren obersten Unternehmenszielen.

Gemeinsam mit unseren Partnern und Lieferanten setzen wir uns für eine klimaneutrale Buchproduktion ein, die den Erwerb von Klimazertifikaten zur Kompensation des CO_2-Ausstoßes einschließt.

Weitere Informationen finden Sie unter *www.klimaneutralerverlag.de*

MIX
Papier | Fördert gute Waldnutzung
FSC® C083411
FSC www.fsc.org

4. Auflage 2022

Covergestaltung: Barbara Thoben, Köln
Covermotiv: © privat
Gesetzt aus der Palatino Nova
Satz: Wilhelm Vornehm, München
Druck und Bindung: CPI books GmbH, Leck
ISBN 978-3-462-00012-2

Weitere Titel von Jürgen Wiebicke bei Kiepenheuer & Witsch